科学的に「続ける」方法

「習慣化」できる人だけがうまくいく。

The ones who can form habits
are the ones who succeed.

内藤誼人 NAITOH YOSHIHITO

SOGO HOREI PUBLISHING CO., LTD

アメリカ心理学の祖と呼ばれる
ウィリアム・ジェームズは、
かつてこう述べました。
私たちの活動の99％、
いや、99・9％は自動化された習慣だ。

朝起きてから、夜就寝するまでの
すべての活動が習慣である。
何を着るか、何を食べるか、
どんな人と付き合うか、何を話すかまで、
ほとんどが反射行動のように
くり返されてきた習慣である。

まえがき

私たちの日常生活は、「習慣」によって成り立っています。

読者のみなさんは、朝、何時に起きますか。

だいたい同じ時間ではありませんか。起きてからの行動はどうでしょう。まず水やコーヒーを飲むのか、郵便受けに新聞を取りに行くのか、テレビをつけるのかは、人によって決まっているのではないかと思います。

出勤するときには、どういう道順で歩くのか、自転車で走るのか、バス停や駅に向かうのかも決まっているでしょう。毎日、同じ時間のバスや電車に乗るはずです。何番目の車両の、どこの位置に座るのかも決まっているかもしれません。

会社に着いてからの行動も、だいたい毎日同じでしょう。帰宅してから就寝するまでの行動もそうです。

考えてみると、私は30年以上同じ髪型です。毎月、決まった理容室で、「いつもの」と同じ注文をしています。読者のみなさんはどうでしょうか。

習慣というものは、自動化され、ほとんど意識されない行動です。

つまり、自分でも「よくわからない」行動なのです。

本書を読めば、「よくわからない」自分の習慣が、「よくわかる」ようになります。

そして、自分がどんな習慣を持っているのかをしっかりと理解できるようになれば、悪い習慣は、良い習慣に改めることができます。

悪い習慣をいつまでも続けてしまう理由は、悪い習慣を意識せず、自動的にやってしまっているからです。

タバコ、お酒、食事、運動不足など、生活「習慣」病と呼ばれるものに悩まされる読者も多いのではないかと思いますが、悪い習慣だなと思ったら、その習慣を改めなければなりません。

本書では、習慣のメカニズムについて解説し、悪い習慣を改めるためのテクニックをご紹介していきます。本書をお読みいただければ、どうしていつまでも悪い習慣を続けてしまうのか、そのメカニズムを理解することができます。また、悪い習慣を変える方法も学ぶことができます。

習慣を変えれば生活が変わります。
生活が変われば性格も変わります。
そして、生活と性格が変われば、人生も変わってくるのです。

自分の望む人生を歩むためにも、ぜひ自分の習慣を振り返るきっかけに本書を利用してください。

本書の効果

何でも続けられるようになる

ダイエットできる

3日坊主がなくなる

早起きできる

勉強・読書が習慣になる

ムダ遣いがなくなり
お金が貯まる

筋トレが続く

禁煙・禁酒ができる

目標が達成できる

やる気に関係なく
行動できる

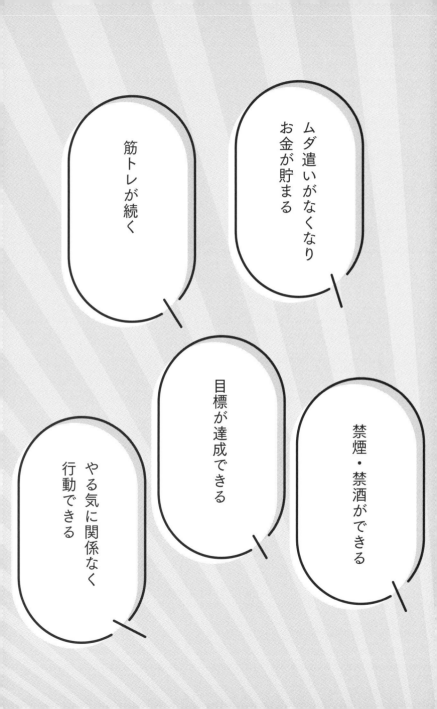

もくじ

第1章

新しい習慣を身につける

第2章

すぐに使える習慣術

第3章

思考が変われば習慣が変わる

第4章

習慣を身につける裏技

第5章

悪い習慣をやめる

第6章

知っておきたい習慣の知識

装丁：別府拓（Q.design）
イラスト：うてのての
本文デザイン：木村勉
DTP・図表：横内俊彦
校正：黒田なおみ（桜クリエイト）

CHAPTER

第1章

新しい習慣を身につける

習慣を身につけるのに「意思力」は関係ない

新しい習慣を身につけられない人は、意志力が弱いのではありません。

私たちは、勉強や英語、ダイエット、禁煙、筋トレなどを習慣化したいと思っていても3日坊主で終わってしまう人が大半です。

実は続けられない理由は、自分が何をしたらよいのか、どうすればうまくいくのか、具体的な方法を知らないから、いつまでも古い習慣から抜け出せないだけなのです。

まずは、意思力は関係ないという研究を紹介いたしましょう。

アルコール依存症や薬物依存から立ち直るのに強靭な意志力が必要だと考えがちですが、

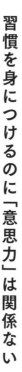

依存症の人は決して意志力が弱いわけではありません。

オーストラリアにあるマッコーリー大学のアンク・スノークは、アルコール依存症と麻薬依存症の69名に、「あなたは意志力が強いと思いますか？」と聞いてみたことがあるのですが、1名を除いた全員が「私は意志力が強い」と答えたそうです。意志力が弱いから、依存症になってしまうわけではないのです。

スノークによると、意志力よりも大切なものがあって、それは依存症から立ち直るための具体的な方法を考えることです。スノークは、3年間に及ぶ調査によって、依存症から立ち直ることができたグループと、依存症から脱することができないグループの違いを調べてみました。すると、依存症から立ち直ることができたグループは、5個から7個の依存症をやめる方法をすぐに頭に思い浮かべることができたのに、脱却できなかったグループでは、自分の習慣を変えるための方法が少ないことがわかりました。

「どうしたらいいのか、わからない」からうまくいかないのであって、「こうするといいよ」ということを教えてもらえれば、だれでも新しい習慣を身につけることは可能なので

す。習慣を身につけたいときはいろいろな方法を考えておくといいでしょう。

ひとつのやり方でうまくいかないこともあるでしょうから、そんな場合も想定して、最低でも5個、できるなら10個ほどの方法を用意しておくといいかもしれません。といっても、自分の頭で方法を一から考える必要はありません。

本書では、十分すぎるほどの習慣化のためのテクニックをご紹介しておりますので、「あっ、これなら自分でもできそう！」というものを選んでもらうだけです。自分でできそうだと思うテクニックを選んで、軽い気持ちで取り組んでみてください。

うまくいかなかったら、別の方法も試してみてください。そうこうしているうちに、新しい習慣を身につけることができます。

自分にとってベストな方法に最初から出会えればそれに越したことはありませんが、現実にはなかなかそう都合よくいきません。ですので、自分にとって効果的な方法が見つかるまで、あれこれと試行錯誤してみるのもいいでしょう。

誘惑に負けない簡単なトレーニング

新しい習慣を簡単に身につけることができる人は、みんなセルフ・コントロール能力が高いという特徴があります。

アメリカにあるペンシルバニア大学のブライアン・ガーラは、新しい習慣を身につけやすい人には、共通点があることに気づきました。そういう人たちは、みんなセルフ・コントロール能力が高かったのです。セルフ・コントロール能力というのは、いってみれば「自制心」です。欲望や衝動を感じても、何とか抑え込んで我慢できる力のことを、セルフ・コントロール能力と呼ぶのです。こういう能力のある人は、新しい習慣を身につけるときにも、そんなに苦労しないことをガーラは明らかにしたのです。

ちなみに、**セルフ・コントロール能力というものは、生まれつきの遺伝や能力によって**

決まるものではなく、筋肉を鍛えるように、自分自身でも鍛え上げることができます。

そのために一番よいのは、とにかく欲望や衝動を我慢する経験を、何度も何度もしておくことです。**何らかの衝動を感じたときに、ほん少しでもいいので、「少し我慢する」という練習をしてみてください。**

そうすれば、だれでもセルフ・コントロール能力を鍛えることができます。

たとえば、ほしい商品をネットで見つけたとしても、すぐに「購入」ボタンを押してしまうのではなく、ちょっとだけ我慢してみるのです。

「明日まで待ってみるか」

「月末まで我慢して、それでもほしいと思ったら購入するか」

という具合に、ちょっぴり我慢するのがポイントです。

こういうトレーニングを少しずつやるようにすると、セルフ・コントロール能力はどんどん鍛えられます。

タバコを吸いたくなったら、すぐにタバコに火をつけるのではなく、「5分だけ我慢」してみるのはどうでしょう。なかなかよいトレーニングになりそうです。お菓子を食べたくなったら、「30秒だけ我慢」してみるのもいいです。

欲望や衝動を感じたからといって、すぐに飛びついてはいけません。大切なことは、欲望や衝動の言いなりにならないことです。最終的に欲望や衝動に負けてしまうのだとしても、まずは自分で抑え込む練習をしてください。ほんの少しの時間でかまいません。

仕事をやめたくなっても、「さらに30分だけ頑張ってみよう」という気持ちで取り組んでいると、セルフ・コントロール能力が磨かれていき、そのうちたいていの欲望は自分で思い通りにコントロールできるようになります。

セルフ・コントロール能力が高くなってくると、新しい習慣も身につけやすくなるという好ましい結果になるのです。

人生の転機は習慣を変えるチャンス

生活が変わるタイミングというのは、実は古い習慣を変えるチャンスでもあります。

私たちは、何となく惰性《だせい》で生活しているところがありますが、大きなイベントがあるときには、新しい習慣を身につけやすいのです。

たとえば、自家用車で通勤している人は、電車やバスなどの公共の乗り物を利用したほうが、地球の環境にやさしいということを頭で理解していても、なかなか習慣を変えることはできません。ところが、部署異動や、マイホームを建てるなど、引っ越しをするタイミングでは、通勤の習慣もやすやすと変えることができます。

ドイツにあるギーセン大学のセバスチャン・バンベルクは、シュトゥットガルトの公共機関で働く社員を対象に、職場の建物の移転に伴って引っ越しをすることになった169名の調査を行っています。引っ越しをしてから6週間後に調べてみると、引っ越し前には公共の乗り物を利用している人は18・2％でしたが、引っ越し後にはそれが35・8％に増えたのです。**引っ越しをすると、習慣が変わるのです。**

私たちの人生には、いろいろな転機があります。

引っ越しもそうでしょうし、就職もそうでしょうし、結婚もそうでしょうし、いろいろな転機があります。そういう転機は、自分を変えるのにちょうどいいタイミングでもありますから、古い習慣をどんどん見直してみてください。わりとすんなり変えることができると思います。

私は、結婚して息子を授かったときに、それまではずっと夜型でしたが、朝型人間に生まれ変わりました。息子と遊ぶためです。「私は、たぶん一生夜型」だと自分では思い込んでいたのですが、そんなに苦労もせずに習慣は変えることができました。

人によっては、子どもが生まれてから、それまでは大変なヘビースモーカーだったのに、喫煙の習慣をきっぱりやめてしまう人もいると思います。

「子どものため」だと思うと、習慣はいっぺんに変えることができるのです。

イギリスにあるカーディフ大学のグレゴリー・トーマスは、子どもが生まれた1万8176名の親について調べてみたのですが、子どもが生まれたことがきっかけで、たいていの親は環境にやさしい行動をとるようになるそうです。

恋人ができて、いきなりライフスタイルがガラリと変わる人もおります。身だしなみに気をつけるようになったり、出不精《でぶしょう》だったのに、恋人とデートをするためにものすごくアクティブな人間に生まれ変わったりもするのです。

ともあれ、**何らかの人生の転機が訪れたときには、古くて、自分でも気になっていた習慣はどんどん変えてしまうことをおススメします。**

第1章

新しい習慣を身につける

イベントを利用して自分を変える

人生の転機というほどではなくても、何らかのイベントを経験するときにも、古い習慣を見直すチャンスです。せっかくのチャンスですので、これを利用しない手はありません。

習慣を変えるのはかなり苦労するものですが、たまたま何らかのイベントがあるときに習慣を見直せば、わりとすんなり自分を変えることができます。

イギリスにあるリーズ大学のステファン・パークスは、２０１２年のロンドンオリンピックが開催されたとき、その前後でバスや電車を使っての通勤が増えるのかどうかを調べてみました。調査対象者は１１３２名です。

その結果、オリンピックをきっかけにマイカー通勤をやめ、公共の輸送機関を利用する人が増えたことがわかりました。

オリンピック開催期間中は、ロンドン市内の道路は大変に混み合いますので、マイカー通勤をやめるのにうってつけのタイミングだったのでしょう。

何らかのイベントを経験したら、それをきっかけにして自分を変えてください。

いきなり「英語の勉強をしたい」と思っても、なかなかモチベーションは高まりません。けれども、たまたま地元の商店街の福引で、特賞の海外旅行を引き当てることができたとしましょう。すると海外旅行というイベントを経験したことがきっかけとなり、「外国の人ともコミュニケーションをとりたい！」という気持ちが高まれば、英語学習の習慣も身につけやすくなると思われます。いろいろなイベントに参加してみるのはいいことです。友人にせがまれて、たまたま一緒についていったミュージシャンのライブで感激したのでしたら、それをきっかけに自分も何か楽器を習ってみたい、という気持ちになるかもしれません。

私は、近所の人に無理やり誘われてお囃子《はやし》会に参加したことがきっかけで、篠笛《しのぶえ》や太鼓を習うようになりました。

今では、すっかりお祭りが大好きな人間になってしまいました。

近所の知り合いに強引に誘われて、何となくボランティア活動に参加してみたところ、意外に楽しいということに気づくかもしれません。それをきっかけにすれば、ボランティアの習慣がやすやすと身につくこともあるでしょう。

本書を読むことも、いってみれば小さなイベントです。

それまでは心理学という学問にこれっぽっちも興味がなかったのに、たまたま本屋で見つけた本書を読んでみたら、心理学の面白さに気づいた、という人がいるかもしれません。

もし少しでも興味が湧いたのでしたら、それをきっかけに他の心理学の本も読んでみてください。読書の習慣を身につけることができます。

習慣を身につけたいときは「午前中」にやる

習慣を身につけるのには、コルチゾールというホルモンが関係しています。

そして、**コルチゾールは、午前中にたくさん分泌されて、就寝前には減ることがわかっています。ということは、習慣を身につけたいのなら、午前中にやったほうがよいのでは、と考えることができます。**

フランスにあるコートダジュール大学のマリオン・フルニエは、そのような仮説を立て、48名の参加者にお願いし、午前中、あるいは午後にストレッチをしてもらうということで、ストレッチ習慣が身につくまでの日数を調べてみました。

すると、33ページ図①のような結果になりました。

ストレッチという同じことを習慣化させるのだとしても、午前中にやったほうが、午後に取り組むよりも、はるかに短い日数で習慣化されることがわかります。

明らかに午前中のほうが早く身につきます。

というわけで、**何らかの行動の習慣化を狙うのなら、午前中にたくさんやるようにするのがおススメです。たいして苦労もせず、わりとスピーディに習慣化されると思います。**

「夜型なんで、午前中にやるのは大変そう……」

「朝起きることに自信がない……」

と思われる人がいるかもしれませんが、そういう人でも大丈夫です。体質などは変えることができませんが、少し早く起きるのはそんなに難しくありません。

寝る前にカフェインやアルコールを控えたり、寝る直前までスマホを見るのをやめたり、少しずつ早い時間にお布団に入ったり、起床時間を早くしたりということをやっていれば、だれでも早く起きられるようになります。

■図① 午前と午後でストレッチ習慣が身についた日数の違い

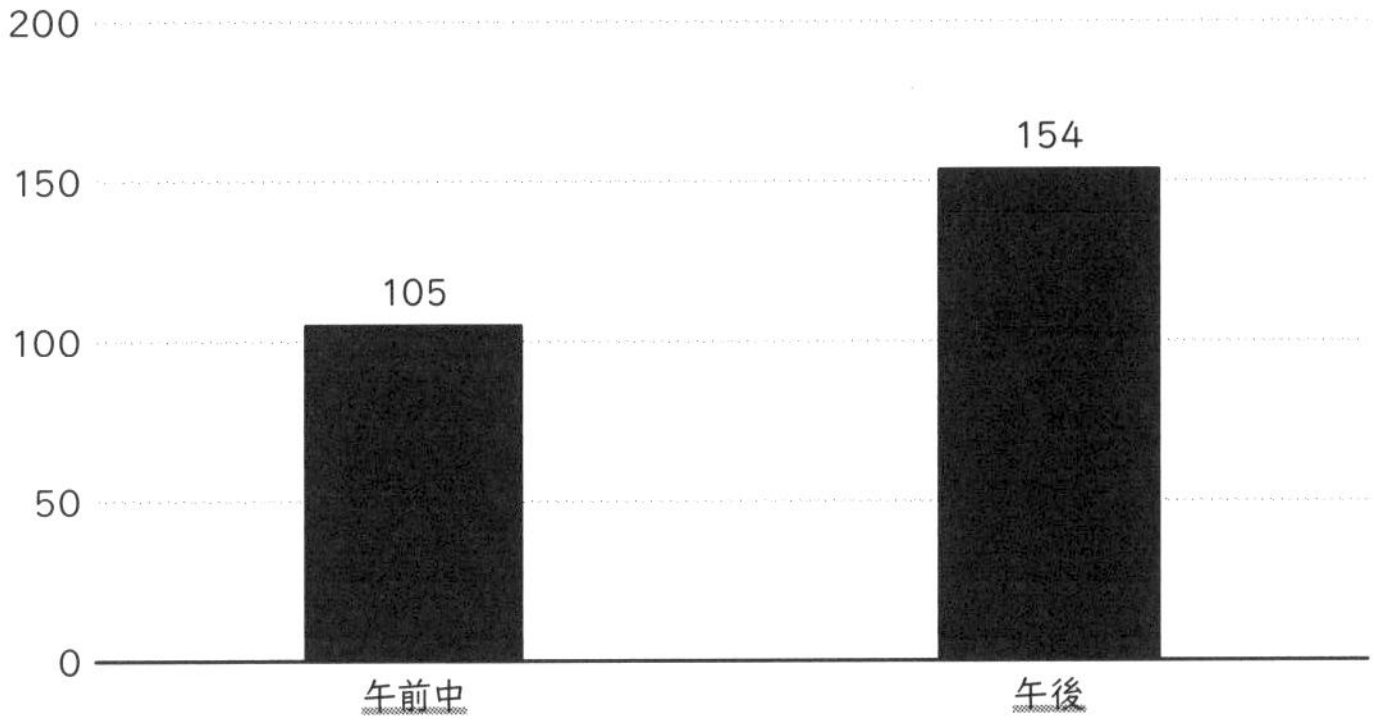

＊数値は、習慣ができるまでにかかった日数

（出典：Fournier, M., et al., 2017より）

勉強の習慣を身につけたいとしたら、自宅に戻ってから眠る前に勉強するよりも、朝ちょっと早く起きて勉強をしたほうがよいわけです。

運動も同じで、仕事でクタクタになって帰宅した後に運動をするよりは、朝ちょっと早く起きて運動したほうが、ラクに習慣を身につけることができます。一度試してみてください。

しっかりと後悔して習慣を変える

私たちが、自分の習慣を見直そうとするのはどういうときでしょうか。

たいていの人は、大きな失敗をしたり、他の人に迷惑をかけたりして、大いに後悔したときではないかと思われます。

「ああ、やっちまった。もう二度とこんなことはしない！」と反省することは、習慣を変えるきっかけになります。

私たちは、物事が順調にいっているときには、習慣を変えようとはしません。

アメリカにあるノートルダム大学のスザンナ・ナスコの研究によると、２９３名の大学生が、１か月の期間をあけて２回の試験を受けたとき、１回目の試験で大失敗し、「もっと勉強しておけばよかった」と後悔している学生ほど、学習習慣を変えて、２回目の試験では好成績を挙げることができました。反省したり、後悔したりしたときには、自分を変えるチャンスです。

イヤな思いをすることは、本人にとっては苦しいことかもしれませんが、自分を変える絶好のチャンスだと思えば、失敗するのもそんなに悪いことではないのかもしれません。イヤな思いをしたときくらいしか、人は自分を変えようとしません。

何となく自分の習慣を変えようとしても、うまくいきません。自分を変えようというモチベーションが、そんなに高くないからです。「絶対に生まれ変わってやる！」という強い意志を持つことができるのは、イヤな思いをしたときです。

上司に仕事ぶりに関して文句を言われることは、単純に腹が立ちます。
そういう怒りは、「ようし、上司がびっくりするくらいに仕事のスキルを高めてやろう」という強い意志に変えてしまいましょう。そのほうが建設的です。

物事がうまくいかないときは、反省をしましょう。

仕事でうまくいかないときには、「世の中が不況で、運が悪かっただけ」などと考えるのではなく、自分の能力や技能が足りないからだ、と考えたほうがいいです。

自分が悪いのだと反省しないと、自分の行動を改めようという気持ちになりません。

私はたくさんの本を執筆させていただいているのですが、まったく売れない本もあります。こんなとき、「編集者が悪い」とか「本の表紙を作ったデザイナーが悪い」などと考えて、責任を他人になすりつけていたら、自分を変えようという努力をしません。

そのため私は、本が売れなかったときには、すべて自分の責任だと考えて、どうすればよかったのかをしっかりと考えて大いに反省することにしています。

悔しい思いをするのは精神的にあまりよくないことなのかもしれませんが、そういう気持ちは、自分の行動を改めるモチベーションに変えてしまいましょう。

ネガティブなことも想定しておく

目標を立てるとき、たいていの人はポジティブなことばかりを考えてしまうものです。

ダイエットを始めたら、すぐにスリムな体型が手に入ると思ってしまいますし、自分が起業したら、すぐに成功すると思いがちなのです。

こういうポジティブ思考は、目標達成にあたっては、よくありません。

むしろ、ネガティブ思考になって、ネガティブなことも併せて考えるようにしなければなりません。

ポジティブなことだけでなく、ネガティブなことも考えておこうというやり方は、「メンタル・コントラスティング」と呼ばれています。

ポジティブなこととネガティブなことを両方とも想定しておくという方法です。

アメリカにあるニューヨーク大学のガブリエル・エッチンゲンは、84名の大学生に、まず自分がもっとも力を入れる講義名を書いてもらいました。

さらに、半分の人には勉強するうえでの妨害になるような可能性についても書き出してもらいました。

「週末に勉強をしようとしても、友人に遊びに誘われるかもしれない」

「アルバイトのシフトが変更になるかもしれない」

こんな感じで、ネガティブな予想もしてもらったわけです。比較のためのコントロール条件として、残りの人にはネガティブな要因については考えてもらいませんでした。

それから1週間後、その1週間でどれくらい勉強したのかを教えてもらうと、メンタル・コントラスティング条件の学生は平均45・93時間の勉強をしたのに対して、コントロール条件では平均18・15時間となりました。

メンタル・コントラスティングをしておくと、勉強時間が2倍以上になったわけです。

目標を立てるときには、ネガティブなことも考えておいたほうがいいことがこの結果でわかります。

自己啓発系の本を読むと、「ポジティブ思考」ばかりが強調されておりますが、本当はネガティブなことも考えておいたほうがいいのです。

現実には、ネガティブなこともよく起きるものです。習慣を身につけるのは、そんなにラクではありません。

自分で予想した以上に苦しい思いをしなければならないこともありますし、予想以上の努力（労力、時間）が必要になることも珍しくありません。

ですから、そういうことも併せて考えておいたほうがうまくいくのです。

ポジティブ思考の落とし穴

習慣を身につけるとき、ポジティブに考えすぎるのは危険です。


なぜなら、現実はそんなに甘くないからです。ポジティブ思考をしていると、少しでも自分の思ったようにいかないと、すぐに心が折れてしまいます。

「えっ、こんなに大変だなんて思っていなかった」

「こんなに苦しいのなら、もうやめよう」

「思ったようにいかないし、バカバカしいのでやめよう」

こんな感じで、投げ出してしまうことが多くなってしまいます。


アメリカにあるテキサス・クリスチャン大学のキース・ヒュミレスキは、1000社を超えるベンチャー企業の創業者、またはトップにアンケートを送り、どれくらい楽観的なのかの心理テストに答えてもらいました。

さらに2年後、もう一度連絡をとって、会社の成長（収益の増大と従業員数の増大で測定しました）についても教えてもらいました。すると、面白いことがわかりました。

何となく楽観的な人のほうが起業家としても成功するように思えてしまいますが、実際には逆の傾向が見られました。

トップが楽観的「ではない」企業のほうが、大きく成長していたのです。なぜ、楽観的な人はダメなのでしょうか。

その理由は、すべての見通しが甘くなりがちだからです。

楽観的な人は、自分が起業すれば、どんどんお客さまがやってくると思い込んでしまいますし、商品は飛ぶように売れるだろう、と思ってしまうのです。

売り上げが落ちても、気にしません。「まあ、そのうち上向きになるさ」と考えて、対処しようともしないのです。ところが、悲観的な起業家は違います。

悲観的な起業家は、ネガティブなことばかり考えます。売り上げがほんの少し落ちただけでも、すぐに手を打ちます。

そのため、結果として見ると、悲観的な起業家の会社のほうが成功しやすくなるのです。

習慣を身につけるときも同じです。

少しくらい悲観的な人のほうが、うまくいかないときへの対処法もきちんと準備しておくでしょうから、すぐに投げ出したり、諦めたりしないですむのです。

楽観的な人は、何でもかんでもうまくいくだろうと根拠もなく思い込んでしまうので、あまり努力もしません。

自分の思い通りにならないと、すぐにやめてしまいます。

新しい習慣を身につけたいのなら、楽観的になるより、むしろ悲観的なモノの見方をしたほうがよいと言えるかもしれません。

疲れているときには欲望に注意

心身ともに疲労を感じているときには、欲望に負けやすくなります。欲望や衝動を抑え込むには、ある程度の精神エネルギーが必要ですので、疲労しているときには、欲望を抑え込めないのです。

イスラエル・アカデミック・カレッジのガイ・イチャコフは、112名の実験参加者を半分にわけて、半分の人たちには新聞記事を読んでもらいながら、記事をそのままコンピュータに入力していく、という手間のかかる作業をやらせることで、精神的にものすごく疲れさせました。しかも単語をそのまま入力するのではなく、「e」というアルファベットだけは省略しなければならないのです。とても面倒くさい作業です。

作業が終わってヘトヘトになったところで、ヘルシーな野菜と、おいしいお肉のどちらかを選んでもらうと、精神的に疲れたグループのほうが、お肉を選びやすくなることがわかりました。

本当はヘルシーな料理のほうが健康にはよいということは十分に理解していても、疲労を感じていると、欲望に負けておいしいお肉を選びやすくなるのです。

ヘルシーな食事をしたいと思っていても、何時間も残業をすると、高脂質、高カロリーのものを食べてしまうのは、心身ともに疲れ切っていることが原因です。

そういう状態のときには、人はセルフ・コントロール能力を発揮することができません。カップラーメンだけで夕飯をすませてしまうとか、お酒とおつまみだけですませようとしてしまうのは、疲れているからです。

自制心を持って生活をするためには、とにかく完全に疲れ切ってしまうような状態にならないように気をつけることが大切です。

仕事量をセーブするとか、有給休暇をとらせてもらうとか、いろいろな手段を講じて、とにかく疲れ切ってしまわぬようにバランスをとるようにしましょう。

身体的にも、精神的にも、疲労を感じているときには、「こういう状態のときって、自制心が働かなくなるんだよな、危ない、危ない」ということを常に頭の中で思い出してください。普段は温厚な人でも、疲れているときには自制心が働きません。

そのため、人に暴力を振るったり、電車の中できれいな人を見かけると、抱き着いて痴漢行為をしてしまったりすることもあります。このような行動は、疲れていても絶対にしてはいけません。

疲れている状態はとても危険なのです。

疲れたときには、自分が危ない状態であることを意識しておくと、それなりには自分の欲望をコントロールできるものです。

普段以上に気をつけていないと、衝動的に何かをしてしまうかもしれない、ということは肝に銘じておきましょう。

ダイエットしたいなら新しいことを始める

「ダイエットはしたいけど、食事を減らしたり、運動をしたりするのはイヤだな……」
そんな人に朗報です。

ダイエットをしたいなら、何か新しいことにどんどんチャレンジしてみてください。

新しいことを始めると、ライフスタイルに変化が起き、それまでの日常の習慣も打ち破ることができるのです。不思議なことですが、新しいことを始めると、食習慣にも変化が起き、体重も減っていきます。

イギリスにあるハートフォードシャー大学のベン・フレッチャーは、「スリムになりたい人」を募集し、31名の参加者を集めて面白い研究をしています。実験群に割り当てられた15名には、1か月間、毎日、何か新しいことにチャレンジしてもらいました。毎週、いろいろな宿題が与えられるので、それにチャレンジしてもらったのです。

参加者に与えられる宿題には、「友人以外の人に話しかけてみる」とか、「新しいルートで会社に行く」とか、「普段読まない新聞を買って読む」といったものがありました。特に、食事や運動にかかわるものではありません。

残りの16名には、比較のためのコントロール条件に割り当てられました。こちらは毎日、日記をつけてもらうだけにしました。

さて、1か月後の体重を調べてみたところ、「毎日、新しいことにチャレンジ」した実験群では、1か月前に比べて平均2・54キロも体重が減りました。

コントロール群のほうは0・88キロ減っただけでほとんど変化はありませんでした。

さらにもう1か月後、リバウンドしていないかどうかの確認のためのフォローアップをしてみたのですが、実験群ではさらに平均して1・91キロも体重が減っていたのです。実験前に比べると、4・45キロもスリムになった計算になります。

一番体重が減った人は、実験前よりも7・81キロも痩せました。

体重を減らそうとしなくても、何か新しいことにチャレンジするようにすると、日常の習慣に変化が起き、自然にスリムになれるということが実験的に明らかにされたといえるでしょう。

大学を卒業して社会人になったり、部署異動で違う場所に引っ越したりすると、なぜか体重が減っていくことがありますが、ライフスタイルに変化が起きると、それまでの習慣が打ち破られ、それによってスリムになるのです。

とにかく、何でも新しいことにチャレンジしてみてください。

食事制限などをしなくても、自然な形でスリムになることができます。

お金のインセンティブを用意しておく

好ましい習慣だとわかっていても、なかなか古い習慣を捨てることができないことはよくあります。タバコやお酒は、身体によくないとわかっていても、なかなか習慣を改めることができません。

では、どうすれば新しい習慣を身につけることができるのでしょうか。

そのためのひとつの方法が、「インセンティブ」です。

新しい習慣を身につけるため何らかの努力をするたびに、自分自身にごほうびを与えるようにするのです。

人間は打算的な生き物ですので、ごほうびがあると思えば、そんなに努力も苦になりません。インセンティブには、いろいろな形がありますが、私たちが一番好きなのは、やはり「お金」でしょう。

イギリスにあるロンドン大学キングス・カレッジのエレーニ・マンツァーリは、新しい習慣を身につけるときに「金銭インセンティブ」を用いて検証を行っている34個の研究を集めて、総合的に分析してみました（メタ分析といいます）。すると、金銭インセンティブはかなり有効という結果が得られたのです。タバコ、食習慣、アルコール、運動などで新しい習慣を身につけようとするとき、金銭インセンティブを使ったほうが、すんなりと習慣が身についたのです。

34個の研究をまとめてみると、新しい習慣が身についた後で、かりに金銭インセンティブを取り除いたとしても、3か月から1年半は、新しい習慣が維持されたままであることもわかりました。というわけで、みなさんも新しい習慣を身につけたければ、金銭インセンティブをうまく使ってみてください。

たとえば、毎日、自分が決めたことを実行できたら、貯金箱の中に、100円ずつ入れていくのです。何か月か経って、しっかりと習慣が身についたら、貯金箱を開けて、何でも自分の好きなことに使ってかまわない、ということにしましょう。こういう金銭インセンティブがあれば、あまりやりたくないと思うようなこともできるようになるはずです。

私は高校時代、親と約束をして、定期試験や模擬テストで高得点をとることができたら5000円をもらえることになっていました。もともと勉強が嫌いな私でも、この方法は大変に功《こう》を奏《そう》したようで、お金がほしくてものすごく勉強に身が入ったという記憶があります。

「お金を使うなんて」と眉をひそめる人がいると思いますが、ごほうびでもなければ、人は、やりたくもないことをやろうとか、苦しい努力をしようという気持ちになりませんし、古い習慣をいつまでも改めることはできません。

ラビット作戦を試してみる

短距離走のタイムを計るとき、自分よりも速い人に並走してもらうと、なぜかタイムが縮まります。マラソンでも、トップを切ってペースメーカー役を務めるランナーがいると、後続の選手たちのペースもグッと上がります。

このように、**自分を引っ張っていってくれる人のことを「ラビット」（手本、見本）と呼びます。**

どうして「ラビット」（ウサギ）と呼ぶのかというと、もともとはドッグレースで、犬に模型のウサギを追いかけさせたことに由来している用語のようです。

さて、私たちは自分よりも前に走っている人がいると、その人に追いつこうとしてペースアップするのですが、この「ラビット」作戦は、いろいろなところに応用できます。

仕事でいうと、ものすごく仕事力のある先輩とペアやタッグを組んで仕事をさせてもらうようにすれば、知らぬ間に自分の仕事力も高めることができるはずです。

イギリスにあるロンドン・スクール・オブ・エコノミクスのオリアナ・バンディエラは、ある製造業の会社で従業員の生産性を調べてみたのですが、自分より仕事ができる人と一緒に仕事をすると生産性は10%高まった、という報告を行っています。

習慣を身につけるときもそうで、まずはラビットを見つけましょう。

ラビットを見つけて、その人の真似をするようにしていれば、自然と同じような習慣を身につけることができますし、努力もそんなに苦になりません。ラビットのおかげです。

進学校に入学すると、周りの人たちがみんな真面目に勉強しますので、なぜか自分もその影響を受けて、勉強をするようになります。周囲の人に感化され、勉強をするのが当たり前となるでしょう。

逆に、それほどでもない中学校や高校に入学し、周りの人たちがダラダラしている姿を見ると、自分もだらけるようになってしまうかもしれません。
スポーツでも、強豪校の部活に入部すると、信じられないくらい努力ができるようになります。周りの生徒がもっと努力しているので、「自分など、まだまだ甘いな」と思いますし、少しくらいの努力など、努力しているうちには入らないと思うはずです。

ラビットを作らず、「私は、自分一人で何とかしたい」と思う人もいるでしょう。殊勝《しゅしょう》な心がけだとは思いますが、自分一人でやろうとすると、自分がどれくらい頑張っているのかの比較ができません。
本当はそんなに努力していないのに「自分はけっこう努力している」と勘違いすることがあるかもしれません。

ラビットがいて困ることはありませんから、まずはラビット探しをしてみることが大切です。あまり自分と実力差がある人を見ていたら、あまりの差に愕然《がくぜん》として努力するのもイヤになってしまうと思いますから、自分より少し上くらいの人を探すのがポイントです。

とにかく笑いながらやる

アメリカにあるニュージャージー州立大学のアリソン・フィリップスは、スポーツジムの会員について、毎日走るという習慣をうまく身につけられるのはどういう人なのかを調べてみました。

その結果、最初にジムを訪れたとき、「楽しいな」という気分を感じるかどうかが、ジムに通うという行動の継続に強くかかわっていることがわかりました。

私たちは、楽しくないと習慣を身につけられません。

苦しいことからは、さっさと逃げ出そうとするのが普通であり、楽しくなければ、人はやらなくなってしまうのです。

小さな子に習い事をさせるとき、まずは「楽しい」と感じてもらえないと習慣は身につきません。書道を習おうとしたとき、初日に先生に厳しいことを言われた子は、おそらく「もう行かない」と親に言うでしょう。

ピアノでも、ダンスでも、英会話でも、スイミングでも、どんな習い事でもそうです。何かを習うときには、とにかく「楽しい」という気分になることが先決なのですが、ではどうすれば「楽しい」と感じられるのでしょう。

ひとつの方法は、笑いながらやることです。

目じりを下げ、口角を上げて、ニコニコ微笑みながら取り組むようにすると、なぜか楽しい気持ちになっていくのです。「悲しいから泣くのではなく、泣くから悲しいのだ」という有名な心理学の原理があります。

私たちの心や感情は、自分の表情と連動しているので、笑った顔を作るようにしていると、なぜか気分も高揚して、楽しい気分になってくるのです。

オランダにあるアムステルダム大学のフィリップ・フィリッペンは、実験参加のビラで

■図② 自転車をこいだときの表情・気持ちよさ・疲労度

	気持ちよさ(−5点から+5点)	疲れ(0点から20点)
笑いながら	2.91	11.53
しかめっ面で	2.12	12.06

(出典:Philippen, P. B., et al.,2012より)

集めた男性16名、女性18名に、最大心拍数の50%から60%の力で自転車こぎをしてもらいました。ただし半数の人には、「笑いながら」自転車をこいでもらい、残りの半数には「しかめっ面で」やってもらいました。

自転車こぎをしてもらってから、「どれくらい気持ちよかったですか?」「どれくらい疲れましたか?」と聞いてみると、上の図②ような結果になりました。

笑ってやると、自転車こぎが楽しく感じられたことがわかります。しかも、肉体的に感じる疲労も少ないのです。

何かをやるときには、笑いながらやるのがポイントです。そのほうが疲れませんし、スムーズに習慣を身につけることができます。

コラム

デフォルトにする

私たちは、基本的に面倒くさいことはやりたくありません。

面倒なことが大好き、という人はあまりいないのではないかと思います。

したがって、面倒くさいことを面倒くさいと感じずにすむように、「どうしてもやらなければならない」ということは、すべてデフォルト（初期設定、標準設定）に組み込んでしまいましょう。

たとえば、ウォーキングの習慣を身につけるのは大変ですが、マンションやアパートを借りるときに、最寄りの駅まで徒歩20分の場所を探してみるのはどうでしょう。これはいいアイデアです。

なぜなら、そういう場所に住むようにすれば、通勤のために毎日往復40分のウォーキングを自然と組み込むことができます。

歩くことをデフォルトにしてしまえば、わざわざウォーキングの時間を確保しなくてすみます。それに毎日のこととなれば、そんなに苦しいとも感じなくなります。それにまた、駅からずいぶん離れたところのほうが、駅のそばのマンションやアパートに比べて、家賃も安くなります。一石二鳥どころではありません。

アパートを選ぶときには、エレベータがないところにしましょう。エレベータがなければ、階段を使わなければなりませんから、自然な形で運動を組み込むことができます。

パソコンでも、スマホでも、たいていの人は設定をデフォルトのままにして利用していることが少なくありません。いろいろと設定を変えるのは、単純に面倒くさいのです。

面白い研究をひとつご紹介しましょう。

アメリカにあるニューヨーク市立大学のジョン・トリンカウス教授は、アタッシュケースを持っている数百人の学生に、ロックナンバーを尋ねてみました。

すると、75％の人が、工場出荷時のナンバーのままで、「0・0・0」で開けることができたというのです。いちいちロックナンバーを自分で設定するのは面倒ですので、多くの人はやっていないのです。私たちは、デフォルトを好みます。

新しい習慣を身につけたいのなら、あまり努力や苦労をしないように、デフォルトでそういう習慣が起きるようにしてみましょう。

わざわざ運動するのがイヤだというのなら、自転車で通勤・通学することを自分のデフォルトとしましょう。そうすれば運動しないわけにはいきません。

ワンちゃんをペットにするのもいいです。

ワンちゃんはお散歩が大好きですので、お散歩をするためには、毎日たくさん歩かなければなりません。俳優で、タレントの坂上忍さんは、たくさんのワンちゃんを飼っているそうで、いっぺんには散歩に連れていけないので、30分の散歩を1日に3回もしているそうです。ワンちゃんの散歩だけで、もう十分にかなりの運動をしていることになります。

面倒なことを面倒だと感じたくないのなら、デフォルトをうまく自分の生活の中に組み込んでみてはいかがでしょうか。

CHAPTER

第2章

すぐに使える習慣術

ルーティンでパフォーマンスを高める

決まりきった動作、儀式化された行動のことを「ルーティン」と呼びます。

スポーツ選手は、だれでも自分なりのルーティンを持っています。

メジャーリーガーのイチロー選手は、打席に入るときには、いつでも必ず決まったルーティンをしてからバットを構えていました。２０２３年のワールド・ベースボール・クラシックにおいては、ヌートバー選手の「ペッパーミル」のちょっとおかしなルーティンが話題になったのも記憶に新しいところです。

なぜ、スポーツ選手はルーティンを行うのでしょう。

その理由は、最高のパフォーマンスができるようになるためです。

イギリスにあるグラモーガン大学（2013年までウェールズにあった大学）のロビン・ジャクソンは、ウェールズ代表で最多得点のゴールキッカー、ネイル・ジェンキンス（当時27歳）が、さまざまな位置からゴールキックしたビデオを分析し、ゴールまでの距離と角度で、やさしいキックと難しいキックにわけてみました。

また、それぞれのキックのときに行うルーティンの準備時間や集中する時間を測定してみたのです。

その結果、難しいキックとやさしいキックを比較すると、難しいときにルーティンは長くなることがわかりました（やさしいときに比べて29％長くなりました）。集中する時間も58％長くなることがわかりました。

やさしいキックのときには、そんなに本気を出す必要がありません。つまり、ルーティンによってパフォーマンスを高める必要もありません。

ところが難しいキックのときには、全力を出さないとゴールキックを成功させることができませんから、こういうときには入念にルーティンをする必要があるわけです。

ルーティンは、スポーツ選手だけでなく、私たちにとっても役立ちます。

何かをするときには、どんな行動でもかまいませんので、毎回、決まった動作をするようにするのです。

歯みがきでもかまいませんし、爪切りでもかまいませんし、万年筆にインクを補充するのでもかまいません。とにかく自分なりに何らかの行動を決め、毎回、その行動をするようにしていれば、自然とルーティンができあがります。

いったんルーティン化できれば、あとはそのルーティンをするたびに最高のパフォーマンスができるようになります。

ルーティンというのは、いってみれば、自分にとっての「やる気スイッチ」です。

いったん、やる気スイッチができあがってしまえば、いちいち気分やモチベーションやテンションを上げようとしなくても、ルーティンによってやる気スイッチを入れるだけで、いつでも最高の状態に自分を持っていくことができます。これは便利です。

絶対にルーティンを省かない

いったんルーティンが身についたら、いつでも必ずルーティンをやるようにしてください。「まあ、今日はいいか」とルーティンをサボると、いつもの調子が出ずに、苦労することになります。

仕事前にラジオ体操をすることをルーティンとしているのなら、たとえどんな理由があっても、仕事に入る前にラジオ体操を省《はぶ》いてはいけません。「時間がないから」とか「人に電話をしなければならないから」などといろいろな理由があるでしょうが、それでもルーティンはきちんと守ってください。

アメリカにあるノースカロライナ大学のダニエル・ゴールドは、ソウルオリンピックに出場したアメリカのレスリング選手全員（フリースタイル10名、グレコローマンスタイル

10名）に、自分にとってのベストマッチと、ワーストマッチ（最悪な試合）の両方について、質問してみました。

その結果、最悪な試合の理由の一番は、「ルーティンをきちんと守らなかった」ことを挙げる人が53％もおりました。

2番目の理由は、「ネガティブなことを考えてしまった」が47％で、3番目の理由は「試合に関係のないことを考えてしまった」が21％でした。

「ルーティンをやらない」ということは、私たちのペースを大いに乱すことが明らかにされたと言えるでしょう。


私は、毎朝、一杯のコーヒーを飲んでから仕事に取りかかるのですが、起床時間が遅かったりすると、「コーヒーはいいか」と思うこともあります。

けれどもすぐに、「いや、コーヒーを飲んでおかないと、かえって仕事のペースがガタガタになってしまう」と思い直して、必ずコーヒーを飲みます。

すると頭がシャンとして、普段と変わらずに仕事ができるのです。

先ほど、ルーティンは私たちにとっての「やる気スイッチ」のようなものだと説明しましたが、どんな理由があっても、ルーティンはきちんと守りましょう。ルーティンは、決してないがしろにしてはいけません。

自分ではルーティンだと思っていなかったのに、それをやり忘れることで初めて「ああ、これが自分にとってのルーティンだったのか」と気づくこともあります。

人によっては、毎朝、歯を磨くことがルーティンになっているかもしれませんし、女性ならきちんと手を抜かずに化粧をすることがルーティンになっているかもしれません。

ルーティンを忘れると、普段の自分のペースが崩れ、何となく調子が出ませんので、そうならないようにするのがポイントです。

習慣で未来予測ができる

心理学の勉強をしていると、「未来予測」ができるようになります。

ある人物が、将来においてどんな行動をするのか、予測できるようになるのです。

「えっ、ウソでしょう？」と思われるかもしれませんが、本当です。

といっても、そんなに難しいことではありません。だれにでも未来予測はできるのです。

では、どんな手がかりで未来予測をするのかというと、それは「習慣」です。ようするに、その人が過去にどんな行動をとることが多いのかを教えてもらえれば、将来においても、同じ行動をとるに違いない、と予測できるわけです。

アメリカにあるノースカロライナ大学のパスカル・シーランは、18歳から70歳の238

9名（平均44・5歳）を対象にして、半年後、1年後に献血するかどうかを調べています。その結果、過去に献血をしたことがあるという人ほど、半年後、あるいは1年後までにもう一度献血しやすいということがわかりました。

「あなたは献血をするつもりはありますか？」などと質問するよりも、「あなたは過去に献血したことがありますか？」と過去の行動を聞いたほうが、将来の行動（この場合は献血）もうまく予測できるのです。

もしだれかの未来を予想したいのなら、過去の行動を教えてもらってください。過去にそういうことをしたことがあるのなら、将来においても、やはり同じことをするだろう、と予測できます。

人間は、何度も同じ間違いをするものですから、「二度と操作ミスをしない」ということはありません。そのうち、また同じ間違いをするものです。

会社をずる休みする人は、一回だけではすみません。そのうち、またずる休みをするだろう、と心理学者なら予想します。人間は、そういう生き物なのです。

ごみのポイ捨てもそうです。
「社会的なルールとして、ポイ捨てはよくない」ということは理解していても、もし過去にポイ捨てをしたことがあるのなら、その人はだれも見ていないところでは、平気な顔でポイ捨てをするでしょう。

人間の行動を予測するのは、実のところ、そんなに難しくもなくて、その人の過去の行動に注目すれば、かなりの程度まで正しく予測できるのです。

ある人がどんな行動をとるのかが気になるのであれば、ぜひ過去の行動に注目してみてください。そうすれば、その人がどんな人なのかも正しく理解できます。

行動のためのリストを作る

アメリカにあるアイオワ大学のミンディ・ジーによりますと、私たちの買い物は、習慣であるそうです。

スーパーで買い物をするお客さまは、ほとんど何も考えず、無自覚のうちに商品をカゴに放り込んでいく傾向があるというのです。

私たちは、必要であるとか、足りなくなりそうだ、ということを考えて買い物をしているわけではありません。習慣で買い物をしているのです。そのためでしょうか、ついつい余計なものまで買いすぎてしまうことが少なくありません。

これを防ぐためにはどうすればいいのかというと、**「買い物リスト」を作ってから買い物に出かければよいのです。買い物リストを作っていけば、余分なものを買わずに、必要なものだけを買うことができます。**

お味噌がなくなりそうなのでスーパーに出かけたのに、ついつい他のものまで買ってしまった、ということにならずにすみます。

リストは、仕事をするときにも役に立ちます。仕事では、TO DOリスト（やるべきことリスト）と呼ばれ、TO DOリストを作ってから仕事に取りかかったほうが、余計なことに時間をかけず、優先すべき仕事だけをテキパキと片づけていくことができます。

TO DOリストを作らずに仕事に取りかかると、どうでもいいような仕事に時間をかけてしまったり、やるべきことをやらずに問題を起こしたりするので注意が必要になります。

アメリカにあるウェスタン・ミシガン大学のデュアン・ベーコンは、TO DOリストを作ってから仕事をやらせると、40％から55％あった不完全な仕事が、20％以下に減らせることを実験的に確認しています。リストが有効ということは他の研究でも明らかにされています。

医療従事者は、患者の生命をあずかっているわけですから、特に注意して仕事をしなければなりません。それでも人間ですから「うっかりミス」は起こしてしまうものです。けれども、チェックリストを作って仕事をさせるようにするとそのミスを予防できるというのです。

オーストラリアにあるウィンメラ・ケア・グループのアラン・ウォルフは、医療従事者にチェックリスト法を用いて仕事をしてもらうようにしたところ、うっかりミスを防ぐことができたという報告をしています。

リストを作成し、「水枕を交換した」「点滴を終了した」という項目にひとつずつチェックを入れながら仕事をしてもらうと、患者からは「この病院とスタッフはとてもすばらしい」と評価されるようにもなりました。

何をするにしても、まずは「やるべきことリスト」を作ってみましょう。リストを作るのが面倒くさいと思われるかもしれませんが、それによって仕事の質が高まるのですから、ぜひやってみてください。

「楽しい!」と言いながら行動する

心の中で、「あまりやりたくないな」と思っていることは、習慣化できません。

辛いとか、苦しいとか、ネガティブな気持ちになればなるほど、習慣化は難しくなります。

カナダにあるヴィクトリア大学のネイビン・コーシャルは、スポーツジムに入会した新規会員111名(平均47・4歳)を対象に、きちんとジムに通って運動をするという習慣ができあがるのかどうかを調べさせてもらいました。調査期間は12週間です。

その結果、習慣化するのに必要なことは、本人が「楽しい」という気分になるかどうかであることがわかりました。

「汗をかくのって、気持ちがいいな」

「身体を鍛えるのって、楽しいな」

と感じている人ほど、運動の習慣を身につけられたのです。

どんな行動を習慣化するときもそうですが、楽しくなければいけません。


やりたくないなと思っていたら、いつまでも習慣を身につけるのは難しいでしょう。

では、どうすれば「楽しい」という気持ちを持てるのかというと、「うわぁ、楽しい！」と言いながらやってみることです。ウソでも何でもかまいません。

本当はちっとも楽しくなくても、「楽しい」と口に出しながらやると、本当に楽しく感じてくるのです。


料理もそうですが、「おいしい！　おいしい！」と口に出しながら食べるようにすると、実際にはそんなにおいしくないのに、なぜか「おいしい」と感じられるようになります。

私たちの感情は、自分がどんな言葉をつぶやくかによって変わってきます。

「イヤだなあ、やりたくないなあ」とつぶやいていると、本当にどんどんイヤな気分が高まってしまいますし、「面白い、楽しい、すごく気分がいい」と口に出すようにすると、幸せな気分がどんどん高まるのです。

言葉には不思議な力があって、どんな言葉を口にするかで、私たちの心理は影響を受けてしまいます。こういうのを「言霊思想《ことだましそう》」と呼んだりしますが、心理学的にもその正しさは証明されています。

カナダにあるケープ・ブレトン大学のスチュワート・マッカンは、「ツイッター(現エックス)」のつぶやきを分析して、ハッピーな言葉をつぶやく人のほうが、心に不満を感じにくく、社会的な地位も高くなることを明らかにしています。

新しい習慣を身につけようとするとき、最初はどうしてもネガティブな気持ちになりやすくなるとは思いますが、「もうやめたい」とか「イヤだ」という言葉は口に出さないほうがいいです。

ウソでも楽しそうな言葉をつぶやいていたほうが、習慣化のスピードはアップします。

第2章

すぐに使える習慣

ホメてもらう仕組みを作る

人間というのはとても単純な生き物ですので、他の人にホメてもらえると、嬉しさを感じ、もっとホメてほしくなって同じことを何度もするようになります。

親にホメられた子どもは、ホメられたことを何度もします。

親から歌がホメられると、大きな声でもっと歌おうとしますし、学校のテストでホメられると、もっと勉強をしようとします。

大人も同じで、上司にホメられると、もっと頑張ろうという気持ちになるものです。

他の人にホメてもらうというのは、私たちにとって大きなモチベーションになるのです。

イギリスにあるロンドン大学のルーシー・クックは、4歳から6歳の子ども422名に、嫌いな野菜（ニンジンやセロリなど）を食べる習慣を身につけさせるという実験を行っています。

クックは、子どもの親に頼んで、嫌いな野菜を食べるたびにホメてもらうようにし、1か月後、3か月後に調査してみたのですが、ホメられた子どもは嫌いな野菜を前よりもずっとたくさん食べるようになることがわかりました。


というわけで、何らかの習慣を身につけるときには、他の人にホメてもらいましょう。


「そんなに都合よく他の人にホメてもらえません」という人は、自分から相手に頼んでおくといいです。

「私が○○するたびに、ご面倒でも、ホメてください」と頭を下げてお願いしておくと、よほど嫌われているのでなければ、「わかった」と言ってもらえるはずです。

会社の先輩や上司にお願いするのもいいです。

「私は、ホメて伸びるタイプですので、たくさんホメてくださいよ」とお願いしてみると、むこうも苦笑しながら、「わかった、わかった」と言ってくれるのではないでしょうか。

もし、みなさんの仕事ぶりがよくなれば、先輩や上司の評価も高くなるので、お互いにとってウィン・ウィンです。

ホメてもらうというのは、人間にとってものすごいインセンティブなのです。

しかも、ホメるだけなら、お金もかかりません。お金や品物などもインセンティブとしては強力ですが、コストがかかるという問題があります。その点、ホメ言葉を言ってあげるだけなら、コストもかからないというメリットがあります。

仕事で何らかの習慣を身につけたいのなら、とにかくホメてもらうのが一番です。
日本人は、照れもあるのか、あまり人をホメたりはしませんので、こちらからホメてもらうようにお願いしないと、なかなかホメてもらえません。
特に年配者はホメてくれません。
ですので、厚かましいとは思いますが、こちらからお願いしておくのです。

取り組むときには一度にひとつだけ

「今度は、○○にチャレンジしてみるか」
「△△のスキルを身につけたい」
好ましい習慣を身につけることは、とてもよいことです。

新しい習慣が身につくと、自分自身が生まれ変わったように感じますし、苦しい思いをして何らかの習慣を身につければ、それが自信にもつながります。

さて、ここでひとつ重要なアドバイスをしましょう。

それは、どんな習慣であれ、何かを身につけようとしたら、一度にひとつずつやっていく、ということです。一度に2つも、3つも目標を立ててはいけません。

自分が一番身につけたい目標に絞り込み、そこにすべての力を注ぎ込みましょう。

香港科技大学のアミー・ダルトンは、68名のビジネススクールのスタッフに、自分で目標を立てて（読書、ヘルシーな食事、掃除など）、それに取り組むように求めました。

ただし、あるグループにはひとつだけの目標に取り組んでもらい、別のグループには6つの目標に同時に取り組んでもらいました。

その結果、目標がひとつだけのグループでは、うまく目標達成ができましたが、いっぺんに6つもの目標に取り組まされたグループでは、どれも中途半端になってしまい、結局は目標達成ができないことがわかりました。

いくら良いことだからといって、すべてをいきなりやろうとしてはいけません。虻蜂《あぶはち》取らずになってしまって、どれもこれもうまくいかなくなってしまいます。

運動をしよう、タバコもやめよう、掃除もしよう、婚活も始めよう、などといっぺんに自分を変えようというのは、ムシがよすぎます。

結局は、ひとつもうまくいかなくなる可能性が濃厚です。好ましい習慣を身につけたいなら、「これ！」というものを自分なりに絞り込み、そこに全力を傾けることが大事です。

何か月か経って、その習慣が十分すぎるほどに身についたところで、新しい目標を立てて努力すればいいのです。

ひとつずつ問題を確実に潰していったほうが、うまくいきます。

「慌てる乞食《こじき》は貰いが少ない」ということわざがあります。別に急ぐ必要はないのですから、ゆっくり、確実に、ひとつずつ好ましい習慣を身につけていきましょう。

仕事のやり方も同じで、「マルチタスク」をしてはいけません。

複数の仕事を同時進行でこなしていける人もいるとは思いますが、目の前の仕事をひとつずつ、丁寧に片づけていったほうが、質の高い仕事ができます。

ビジネス本には「マルチタスクがよい」などと書かれていることもありますが、それはウソです。ひとつずつやったほうが絶対にうまくいきます。

会社員ですと、自分で決められない場合も多いと思いますが、ひとつずつやったほうが絶対にうまくいきます。

週末にも少しだけ仕事をする

読者のみなさんは、週末になると気分がウキウキしませんか。

「土曜には、新作のゲームを徹夜でやってやる！」

「日曜には、朝から晩までＤＶＤを観よう」

「日曜日は一日中寝てよう」

そんな風に考えて、週末を楽しみに待っている人も多いのではないかと思います。

カナダにあるブリティッシュ・コロンビア大学のジョン・ヘリウェルは、50万人を超える人の調査から、**曜日ごとに、幸福感、楽しみ、笑顔の回数などを調べると、平日はだいたいどの曜日でも変わらないのに、日曜日だけはなぜか幸福感などがグッと高まることを明らかにしました。**

この現象は、「ウィークエンド効果」として知られています。週末になると、だれでも

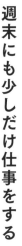

ハッピーな気分になってしまい、浮かれてしまうのです。

「いいことではないか」と思われる人もいるでしょうが、話はそんなに単純ではありません。

オーストラリアにあるアデレード大学のアマンダ・タイラーによると、週末に夜更かしすると、体内のリズムが狂って、翌週にはものすごくキツイ思いをするというのです。

タイラーは、16名の実験参加者を2つにわけ、片方には週末でも平日と同じ時間に就寝してもらい、残りには3時間の夜更かしをしてもらいました。すると、夜更かし条件では、翌週の月曜に、元気が出ずに疲労も感じやすくなることがわかりました。

週末にハメをはずしすぎると、かえって月曜に苦しい思いをするのです。やる気も出ませんし、調子も上がりません。自分のリズムが狂うくらいなのであれば、週末も少しだけ仕事をしておいたほうがいいかもしれません。

私は、週末や祭日でも仕事をしています。もちろん、平日のようにがっちりと仕事をするわけではありませんが、本や論文を読んだり、原稿を書いたりしています。ですので、月曜に気分が落ち込んだり、やる気が出なかったりすることもありません。

普段通りの生活のペースを週末も保ちましょう。

「週末くらい休みたい」と思うかもしれませんが、休むとかえって疲れることになります。

プロのダンサーは、毎日練習を欠かさないといいます。一日でも踊らない日があると、明らかにキレがなくなり、それを取り戻すのに数日もかかってしまうといいます。

「週末くらいのんびりしたい」という気持ちはよくわかるのですが、あまりにハメをはずしすぎると、翌週に苦しい思いをするので、普段と同じ生活を送ったほうがいいかもしれません。

人は疲れてくると惰性で動く

お医者さんは、疲れてくると必要のない薬まで処方してしまうことがあるそうです。お医者さんも人間ですので、長時間の勤務によって疲れてくることもあります。こういうときには、惰性というか、「いつもの習慣」で薬の処方をしてしまうことがあるようです。

アメリカにあるハーバード・メディカル・スクールのジェフリー・リンダーは、急性呼吸器感染症で病院を訪れた2万1867名の患者について、204人のお医者さんがどれくらい不要な抗菌剤を処方するのかを調べてみました。

お医者さんたちは、午前中に4時間（午前8時からお昼まで）、午後にも4時間（午後1時から5時まで）の診療を行うことになっていたのですが、仕事を始めてから1時間まで（午前8時から9時までと、午後1時から2時まで）をベースラインとし、勤務してから2時間、3時間、4時間が経ったときの不要な抗菌剤の処方の比率を出してみました。すると、1・01、1・14、1・26という結果になりました。

お医者さんは、疲れてくると、あまり考えずに不要な抗菌剤を処方する割合が増えてしまうことがわかります。お医者さんも人間ですから、しばらく勤務して疲れてくると、いいかげんに診療をしてしまうのでしょう。「ああ、風邪ね。いつもの抗生物質を出しておくから」とあまり診断もせずに薬を処方してしまうのです。

人間は、疲れてくると、惰性というか、自動的というか、とにかく習慣的な行動をとってしまうのです。

これはお医者さんに限らず、だれでもそうだと思いますので、お医者さんだけを責めるのはかわいそうです。

疲れてくると、だれでも気が緩みますし、集中力が完全に切れてしまいますので、こういう状態のときには、習慣にしたがって行動してしまいます。

習慣によって行動しても、そんなに問題が起きない仕事ならば、それでもかまわないとは思います。

高速道路を走っていて、サービスエリアに立ち寄ると、トイレの壁に「1時間運転したら、休憩しましょう」という張り紙を見つけることができます。

私たちは、だれでも1時間くらいで集中力が切れてしまい、惰性で運転をしようとするので、こまめに休憩をとることは大切です。

そうしないと思わぬ事故を起こしてしまうかもしれません。

仕事をしているときでも、やはり1時間か2時間おきには、こまめに休憩をとるといいでしょう。そうすれば、惰性で行動しなくなりますし、ミスなども予防することができるはずです。

本気でやりたくなるまで自分をじらす

モーツァルトのお父さんのレオポルトは、最初、モーツァルトにピアノを教えませんでした。5歳年上のお姉さんのナンネルにばかりピアノを教えていたそうです。

お姉さんがピアノを弾いている姿をさんざん見せられ、「自分もやりたい」とモーツァルトがウズウズ感じるようになってから、お父さんはようやくピアノを教え始めたのです。

お父さんは、かなりの策士だったと言えるでしょう。

もし、レオポルトが、最初からモーツァルトにピアノを教えたらどうなったでしょうか。

おそらくモーツァルトも嫌気がさし、ピアノを嫌いになってしまったかもしれません。

私たちは、ムリヤリにやらされると、「リアクタンス」という心理的抵抗を感じます。

そして、相手の言うことなど絶対に聞いてやるものか、という気持ちが強まります。

アメリカにあるイリノイ大学のブライアン・クイックは、160名の大学生に、「絶対にコンドームを装着すべきだ」といった強い説得を行うと、かえって学生たちはコンドームを使用したくなくなるという結果を報告しています。

ムリヤリにやらせようとしても、絶対にうまくいきません。

マーク・トウェインの『トム・ソーヤの冒険』では、やりたくもないペンキ塗りを、主人公のトムは、鼻歌まじりで楽しそうにやってみせます。

すると、最初はトムをからかっていた友だちも、だんだんウズウズしてきて、「僕にもペンキ塗りをやらせてよ」とトムに申し出るのです。非常にうまいやり方です。

自分で習慣を身につけるときも、他ならぬ自分が本気でそれをやりたいと感じるまでは、取りかかるのを待ったほうが賢明でしょう。

やりたくないときにやり始めても、どうせうまくいくわけがありません。

アメリカにあるコロンビア大学のアンジェラ・チュウは、レポート作成の課題にすぐに取り組むのではなくて、あえて意図的に遅らせ、ギリギリまで自分を追い詰めてからレポートを書いたほうが、良い仕上がりになると指摘しています。
課題はさっさと取り組んだほうがよさそうな気もしますが、戦略的に自分をじらしてみるのも、決して悪くはありません。

中途半端な気持ちで取り組むよりも、本気になってから取り組んだほうが、何事もうまくいくものです。

そういう気持ちになるまで、しばらく放っておくことも立派な戦略だといえるでしょう。
土壇場《どたんば》まで追いつめられると、人は本気になります。

仕事の前には偉そうな姿勢を3分間

仕事に取りかかるときには、3分ほど偉そうな姿勢をとってみるといいです。

胸を張り、アゴを上げ、両手を腰に当てるなど、「社会的な地位の高い人」がやるような姿勢をしばらくやっていると、ホイホイと仕事を片づけることができるからです。

偉そうな振る舞いをすることを、自分のルーティンとしてしまいましょう。そういうルーティンを身につけると、作業の効率はよくなります。

偉そうな振る舞いをしていると、私たちは目の前の仕事を「何だ、こんなもの」と軽く見ることができるのです。「私にかかれば、こんなのは朝飯前だ」と思うことができるので、作業もラクになるのです。

図③　姿勢による段ボール箱の重さの違い

	姿勢をとる前	姿勢をとった後
地位の高そうな姿勢	3.17キロ	2.83キロ
地位が低そうな姿勢	3.30キロ	3.40キロ

（出典：Lee, E. H., & Schnall, S., 2014より）

イギリスにあるケンブリッジ大学のイ・ウンへは、実験参加者に本が入っている段ボール箱を持ってもらって、その重さを推測させました。それから、半数の人には、地位の高い人がやるような姿勢をとってもらいました。具体的には、椅子のひじ掛けに腕を乗せてふんぞり返り、片方の足首をもう片方の太ももに乗せてる姿勢を3分間とってもらったのです。

残りの半数には、地位が低そうな人がやる姿勢をとってもらいました。両手を太ももの上に置き、肩を落としてうなだれ、両足はぴったりと閉じて座ってもらったのです。時間は同じく3分間でした。

それからもう一度、段ボール箱を持って重さを推測してもらうと、上の図③ような結果になりました。

地位が高い人の姿勢をとらされたグループでは、同じ重さの段ボール箱を軽く感じるようになりました。

偉そうな態度をとると、私たちは自分の地位が上がったように感じて、「こんなの楽勝！」と思うのです。

私たちの自己意識というものは、自分がどんな姿勢をとるかによって影響を受けるのです。背中を丸めて、うなだれた姿勢をとっていたら、「私はダメ人間だ」などと抑うつ的になり、意気消沈してしまいますから気をつけてください。

仕事を始めるときには、ふんぞり返って、「私は偉いのだ！」と感じるような姿勢をとったほうがよいのです。

読書の習慣を簡単に身につける

翻訳本の哲学書のように、本を開いたときに、細かい文字がびっしり目に入ってくると、人はたいてい、「うわっ」と思うのではないでしょうか。「何だか面倒くさそう」と感じて、そういう本は敬遠するのではないかと思われます。

私は、本を読むのが好きではあるものの、哲学書のように文字がびっしり埋まっている本はなかなか手が出ません。きっと、読者のみなさんもそうでしょう。**文章が読みにくいと、私たちは面倒くさいと感じやすくなることも、実験的に確認されています。**

アメリカにあるミシガン大学のS・ヒョンジンは、学生に読みやすいフォント（Arial の12ポイント）と、読みにくいフォント（Brushの12ポイント）で、運動習慣について尋ねてみました。

「あなたはどれくらい運動する意欲がありますか？」「どれくらいラクに取りかかれると思いますか？」と7点満点で聞いてみたのです。

その結果、「意欲」については、読みやすいフォントのときには4・5点、読みにくいフォントのときには2・9点となりました。

「ラクに取りかかれるかどうか」の質問については、読みやすいフォントのときには4・8点、読みにくいフォントのときには3・5点となりました。

ただ文字が読みにくいというだけで、運動するのも面倒くさいと感じられてしまうことが、この実験で明らかにされたといえます。

もし読書の習慣を身につけたいのなら、できるだけ大きな文字で書かれていて、しかも余白もたっぷりとってある読みやすい本を選ぶことです。

読みやすそうだと感じられる本なら、読み進めるのも面倒くさいと感じません。

勉強のときの問題集や参考書を選ぶときも同じです。

解説を読むとき、細かい文字がぎっしりと詰まっているような本では、やる気が出ません。うんざりする気持ちのほうが先に出てしまうので、できるだけスカスカした本を選んで買ってくるとよいでしょう。

薄っぺらい本で、しかも文字が大きいほど、スイスイと読み進めることができますので、読書が苦手な人は、最初はできるだけそういう本を選んだほうがよいのです。

文字を読むのが苦手な人は、「マンガでわかる○○」とか「図解○○」のようなタイトルの本を選んでください。本を読む習慣をつけるにはうってつけだと思います。

読書に慣れていない人にとっては、本書でさえ「文字が多すぎ」と感じてしまうかもしれません。その場合には、とりあえずしばらく本棚に置いておき、もっとやさしい本をたくさん読み、しっかりと読書の習慣がついてから、改めて本書を読んでいただきたいと思います。読書の習慣がきちんとつけば、本書も抵抗なくスラスラ読めるようになっているはずです。

あえて朝食を抜いてみる

ダイエットをしたいのなら、「朝食スキップ法」も有効です。

朝食スキップ法というのは、朝食を食べないようにするだけです。

朝食を食べないとお腹が空いてしまうので、ランチにもっとたくさん食べてしまうのではないかと危惧《きぐ》される人がいるかもしれませんが、そういうことにはなりません。

アメリカにあるコーネル大学のデビッド・レヴィツキーは、習慣的に朝食を食べている人に実験的に朝食スキップ法を試してもらいました。普通に考えると、足りないエネルギーを補うために、ランチをいつも以上に食べてしまうのではないかと思われますが、調べてみるとそんなことにはなりませんでした。

それまでと変わらない食事量だったのです。

「一日の合計摂取カロリーを減らしたいのなら、朝食を抜くのもいいかもしれない」とレヴィツキーは結論しています。

「朝食を抜くのは、健康に悪そう」

「朝食を抜くと、元気が出ないので仕事にならない」

と思われる人がいるかもしれませんが、そういうことになる可能性は低いです。

私たちは、惰性的に、つまり習慣的に朝食を食べていることが多いのです。

朝食をスキップするという習慣ができれば、それまで同様に、生活ができるようになります。


人類の歴史で言いますと、「一日3食」という習慣は、比較的最近の習慣にすぎません。人類は、ずっと一日1食か、一日2食ですませていました。

つまり、朝食を抜いて一日2食にしても、問題はないわけです。人類は、ずっとそうやってきました。

現代人は、一日3食が当たり前のように思っていますが、そういう習慣ができたのは江戸時代の後半だと言われていますので、せいぜい200年くらいの歴史しかありません。それ以前はずっと一日2食のほうが標準だったのです。

さらに、社会も変化して、最近の人たちは、あまり身体を動かさなくてもよい生活になりました。

そのため、一日3食では、カロリーを摂取しすぎてしまいます。

朝食をスキップすれば、そのぶんだけ摂取カロリーを減らせるので、現代人にとってはそのほうが都合がよいと思われます。

これまで習慣的に朝食を食べている人にとっては、最初は少し苦しいように感じるかもしれませんが、ぜひ朝食スキップ法を一度試してみてください。体質に合うようでしたら、朝食をスキップするだけで簡単にダイエットにも成功するかもしれません。

After
Before

親しい人に協力をお願いする

新しい習慣というものは、自分一人だけで身につけなければならないのでしょうか。

いいえ、そうではありません。他の人の力を借りたって、まったく問題ありません。というより、他の人に自分の習慣を身につけるためのお手伝いをしてもらいましょう。

イギリスにあるリーズ大学のアンドリュー・プレストウィッチは、地域サービスを担当する公務員257名に、日頃の運動不足を解消するという狙いもあったのでしょうが、運動習慣をつけさせるプロジェクトに参加してもらいました。

ただし、半数の人は参加に先だって、まずは自分を励ましてくれるパートナーを見つけなければなりませんでした。パートナーは、友人でも、配偶者でも、恋人でも、近所の人でもだれでもかまいません。

なお、パートナーも参加者と一緒に運動をしなければならないのかというと、そうではなく、ただ励ますだけです。「1週間、続いたね。このまま頑張れ！」と声をかけたり、メッセージを送ったりするだけです。

残りの半数の人は、パートナーを見つけずに、一人で参加してもらいました。さて、1か月後と3か月後に、どれくらい運動習慣が身についたのかを調べてみると、先だってパートナーを見つけていたグループのほうが、きちんと運動をしていることが明らかにされました。「パートナー巻き込み作戦」は大成功だったのです。

だれの力も借りず、黙々と一人で習慣を身につけるために励んでもいいのですが、それは少し寂しい感じがしますし、途中で投げ出してしまう可能性も高いのです。

というわけで、まずはパートナーを見つけて、「今度、○○を始めたいと思っているんだけど、力を貸してほしいんだ」とお願いしてみることです。

「本当は毎日励ましてもらいたいんだけど、3日に1回は、『このまま頑張れ！』と励ましてほしい」と伝えておけば、パートナーの人も手伝ってくれるのではないかと思われます。

もちろん、もし習慣を身につけるのに成功したら、パートナーにはお礼を言いましょう。食事くらいは奢ってあげてください。そうすればパートナーも嬉しいでしょうし、「他にも何かチャレンジしたくなったら、また声をかけてよ」と嬉しいことを言ってくれるかもしれません。

自分一人でストイックに習慣にしたいことに取り組むのもいいですが、やはりパートナーがいると心強いものです。遠慮せずに、積極的にお願いしてみましょう。

勉強が大嫌いという人も、友人と一緒に勉強するのなら、それなりに勉強できます。習慣を身につけるときも同じで、だれか頼もしいパートナーがいるのと、いないのとでは、成功確率に雲泥《うんでい》の差がつくことを覚えておきましょう。

いろいろな選択肢を調べてみる

私たちがある習慣を保持し続けるのは、「他のやり方を知らないから」という理由も考えられます。

もっと他に便利な方法があることを知らないので、いつまでも古い習慣を続けている、という可能性が高いのです。

田舎から東京に出てきたばかりの人は、目的地まで電車で向かうとき、いくつかの路線の候補があっても、いったんある経路で目的地まで到達できると、そのやり方をずっと続けてしまう、ということがあります。

他の人から、「他の路線のほうが、もっと早く到着できるよ」とか「どこそこの駅で降りて、急行や特急に乗り換えたほうが早いよ」ということを教えてもらうまで、同じ行き方を続けてしまうのです。

こういう〝何となくやっている習慣〟なら、他のやり方を教えてもらえれば、すぐに新しい習慣を身につけることができます。

本人も、別に元のやり方にこだわっているわけではありません。

アメリカにあるニューヨーク州立大学のシャロン・ダノフ＝バーグは、日焼けサロンに通っている人に、どうして日焼けサロンに通っているのかを尋ねました。

すると、「外見をよくしたいから」とか、「リラックスできるから」とか、「知り合いを増やしたいから」といった理由が挙げられることがわかりました。

そこでダノフ＝バーグは、日焼けサロンには皮膚がんの危険性もあることも教えて、別の選択肢があることも教えてあげました。

たとえば、「外見をよくしたいのなら、日焼けサロンよりもエステサロンのほうがいいよ」「リラックスしたいのなら、ヨガ教室のほうがいいよ」「友だちを増やしたいのなら、スポーツジムのほうがいいよ」というようにです。

こういう〝別の選択肢〟を教えてあげると、それまで日焼けサロンに通っていた人も、すんなり他の習慣を身につけられることがわかりました。

私たちは、「代わりになるものを知らない」という単純な理由で、あまりよくないことを続けてしまう傾向があります。

したがって、今の習慣を変えたいときには、「他に何かもっとうまいやり方があるんじゃないか？」という可能性も考えてみるべきです。

最近はとても便利な世の中になりましたから、インターネットやSNSで、他のやり方を検索してみれば、もっといいやり方を見つけられるかもしれません。

そういうものを試してみるのもいいアイデアです。

コラム

何でも自分でやる

自分でできることは、すべて自分でやるようにしましょう。

すぐに他人に頼ってはいけません。「自分の人生と運命は、自分で切り開いてやる」と覚悟するからこそ、私たちは強い意欲を持てるのです。

自分の庭で野菜を作り、家電製品が壊れたときには簡単なものなら自分で修理をし、本棚や家具もＤＩＹで作ってしまうような人のほうが、すべてを他人まかせで生きている人より、「生きている」という実感も湧くでしょう。

アメリカにあるイェール大学のジュディス・ロディンは、とある老人介護施設で面白い実験をしています。この施設では、それまではスタッフたちが入居者のために手厚い介護を行っていましたが、あるとき、自分たちでできることはすべて入居者におまかせすることにしたのです。

自分で着替えることができる人には、自分で着替えてもらい、部屋の掃除ができる人にはベッドメイキングも自分でやってもらい、施設内の植物に水やりができる人にはそれをお願いしました。

それから18か月後にスタッフに評価してもらうと、入居者たちは、みんな実験前よりも幸福感が高まり、他の入居者とよくおしゃべりするようになったのです。さらに、意欲的で、元気に溢れ、よく笑うようにもなりました。

しかも、施設での死亡率も10％も減少したのです。

「何でも自分でやる」作戦は大成功だったのです。

スタッフが何でもやってくれるのはありがたいことでしょうが、自分でやるようにしないと意欲は生まれません。生きがいも感じられません。

仕事でも同じで、先輩や上司があまりにも新入社員にやさしくするのは考えものです。

「キミは、休んでいていいよ」

「全部、僕たちが片づけるから、座って待ってて」

先輩が気遣ってあれこれ世話を焼きすぎると、新入社員はラクではあるものの、仕事のやりがいを感じることはできません。

むしろ、新入社員だからといって遠慮せず、いろいろな仕事をどんどんまかせていったほうが、新入社員にとっても仕事のやりがいを感じるのでありがたい、ということもあるのです（いつもではありませんが）。

親が、子どものためを思って箸の上げ下ろしまでやってしまうと、子どもはどんどん無気力になってしまいます。

それよりも、料理のお手伝いですとか、庭作業のお手伝いも積極的に子どもに手伝ってもらう家庭のほうが、子どもは意欲的な大人へと成長していくに違いありません。

すぐに他人に甘えるのはやめましょう。

できることは何でも自分でやってしまう習慣を身につけてください。

CHAPTER

第3章

思考が変われば習慣が変わる

ネガティブ思考にならないために

ネガティブ思考の人は、ネガティブなことばかりを考えてしまう思考習慣があるといえます。


「私は、人間のクズだ。この世に存在しないほうがいいのだ」

「どうせ私のことなど、好きになってくれる人はいない」

などとネガティブなことばかり考えてしまう習慣がある人は、一生、ネガティブ思考とつき合っていかなければならないのでしょうか。

いいえ、そんなに悲観することもないでしょう。


ネガティブな思考習慣を改めることは可能です。

ひとつの方法は、運動する習慣を持つことです。ネガティブ思考ばかりする人を調べてみると、たいてい「運動不足」であることがすでに明らかにされているのです。

イタリアにあるパドヴァ大学のアンドレア・ボビオは、運動習慣のある人と、事務職でほとんど椅子に座って作業をしている人を比較し、運動している人ほど、思考がポジティブになることを突き止めました。ネガティブ思考の人は、運動をしないから、ネガティブなことばかり考えてしまうのです。ネガティブ思考をしたくないのなら、ぜひ運動してください。身体を動かすようにすると、少しずつネガティブ思考が抑制され、ポジティブなことを考えるようになります。

「私は、鼻が大きすぎる」「私は、シワだらけの顔をしている」などと、自分の外見にコンプレックスを感じやすい人も、やはり運動習慣のない人に多く見られることを、ボビオは明らかにしています。コンプレックスをなくすことにも、運動は役に立つのです。

「ネガティブなことは、なるべく考えないようにしよう」と思っても、なかなかそんなにうまくはいきません。それよりも運動をしましょう。

運動をすれば、自信がつきます。自信がつくとネガティブ思考を吹き飛ばしてくれます。とにかく運動習慣を身につけましょう。

「運動するのが面倒くさい」と思われるかもしれませんが、そんなに厳しいトレーニングは必要ありません。

それこそ、毎日ちょっとだけ歩くようにするとか、お風呂に入る前に、10分くらいストレッチをするだけでも十分です。これまでの人生において、まったく運動をするという習慣がない人には、10回、いや5回の腕立て伏せでも最初はかまわないと思います。

毎日、少しでも運動をするようにすれば、思考も変わってきます。

ネガティブなことはあまり考えないようになり、代わりにポジティブなことを考えることができるようになります。最初はできるだけ軽いトレーニングから試してください。

そのほうが早く運動習慣を身につけることができます。

誘惑や衝動を感じたら、他のことを考えてみる

誘惑に抵抗するのはとても大変です。

ダイエットをしている人は、甘いものを食べてはいけないということはわかっていても、誘惑に負けてしまうことが少なくありません。

では、どうすれば誘惑にうまく抵抗できるのかというと、まったく関係のないことを頭に思い浮かべるようにするのです。

他のことを考えていれば、誘惑や衝動はどんどん小さくなっていきます。

ドイツにあるビュルツブルグ大学のウィルヘルム・ホフマンは、おいしそうなチョコレートを食べてもらうという実験をしてみましたが、試食する前に次のような条件を設け

■図④　チョコレートを食べる前に考えたことと食べた量の違い

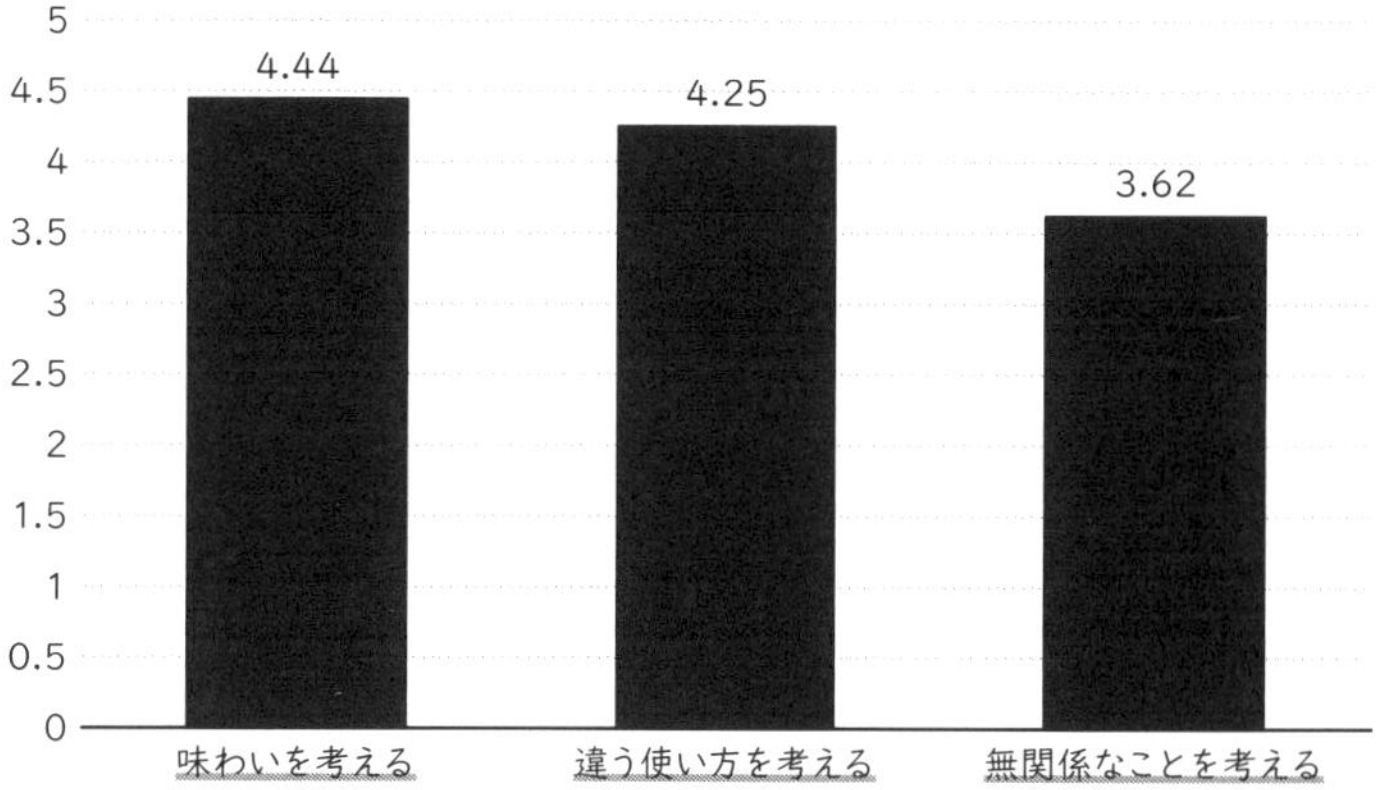

（出典：Hofmann, W., et al., 2010より）

ました。

●第1条件　目の前のチョコレートがどんな味で、食べたらどんな気持ちになるのかを3分間、紙に書く

●第2条件　目の前のチョコレートについて、食べること以外に違う使い方ができないかのアイデアを考えて、それを3分間紙に書く

●第3条件　南アメリカの地理についてのテキストを3分間読む

それぞれに割り当てられた作業をこなしたところで、実際にチョコレートを食べてもらい、「おいしさ」を5点満点で評価してもら

うと、前ページの図④のような結果になりました。
チョコレートについて考えさせられた2つのグループに比べ、まったく無関係なことを考えさせられたグループでは、チョコレートのおいしさをそんなに感じなくなることがわかります。

誘惑を感じたとき、それについて考えていると、どんどん誘惑が大きくなってしまいます。こんなときには、まったく関係のないことを思い浮かべていたほうが、頭を冷やすことができるのです。

そうすれば、誘惑や衝動は次第に消えているはずです。

ダイエットをしているときにラーメンが食べたくなったり、禁煙をしているときに飲み会でたばこが吸いたくなったりしたときはこの研究を思い出してください。

「継続は力なり」を信じる

新しい習慣を身につけるときに大切なのは、努力を継続することです。

アメリカにあるペンシルバニア大学のアンジェラ・ダックワースは、継続できる力のことを「グリット」（Ｇｒｉｔ）と名づけています。日本語では「やり抜く力」と訳されています。

どんな分野でもそうですが、大成する人は、みんな生まれつきの能力や才能というよりは、やり抜く力を持っているとダックワースは指摘しています。継続してやり続けるから成功するのであって、才能があるから成功するのではありません。

ダックワースは、ナショナル・スペリング・コンテスト（英単語のつづりの正確さを競う大会）に出場資格を得た１９０名について調べました。

彼らは、もともと素晴らしい記憶力の持ち主だったのでしょうか。それとも、言語の能力が異様に高い人たちだったのでしょうか。

いいえ、調べてみるとそうではありませんでした。彼らは、とにかく粘り強くて、努力を継続できる力を持った人たちだったのです。

東進ハイスクールの林修《はやしおさむ》さんの『今やる人になる40の習慣』を読んでいたら、とても参考になることが書かれていました。

東大に合格できた学生にアンケートをとってみると、「そんなに勉強しなかった」と答える人が非常にたくさんいるのだそうです。

ところが、「何時間くらい勉強しましたか?」と聞いてみると、「平日は6時間、休日は8時間くらい」といった答えが返ってくるのだそうです。「そんなに勉強していない」どころではなく、もう十分すぎるほど勉強しているのです。

ただ、東大合格者にとっては、努力をすることが当たり前のようになってしまっていて、本人には「そんなに勉強したつもりはない」と感じられるのでしょう。

目標を達成できる人は、努力を厭《いと》いません。というより、本人は「努力している」とも思っていないのでしょう。本人にとっては、毎日歯を磨いたり、お風呂に入ったりするような、当たり前の習慣になってしまっているので、辛いとも、苦しいとも感じなくなるのです。

どんな習慣を身につけるにしろ、最初はひどく面倒くさいと感じられるかもしれません。ですが、簡単に投げ出さず、少しずつでも継続することが大切です。

継続していれば、必ずうまくいきます。

これは習慣を身につけるときだけの話でなく、何でもそうです。

そして継続すればするほど、それをするのが当たり前になって、苦しいとも何とも感じなくなります。「とにかく簡単に諦めないこと」「少しずつでも、継続していればそのうち苦しさも感じなくなること」の２つの原理をしっかりと覚えておいてください。

習慣が身についても、やめない

ピアニストは、演奏する曲が弾けるようになったら、もう練習をやめてしまうのでしょうか。いいえ、弾けるようになっても、そこからさらに訓練をくり返します。

英単語を学ぶとき、いったんスペルと意味を覚えたら、もう同じ単語は勉強しなくてもよいのでしょうか。いいえ、さらに何度もくり返して声に出したり、紙に書いたりしないと、そのうち忘れてしまいます。

習慣というものは、いったん身についたら、そこで「はい、終わり」ということにはなりません。そこからさらに習慣を維持する努力をしなければ、結局は、元の状態に戻ってしまいます。

アメリカにあるブラウン大学医学部のレナ・ウィングは、18か月間のダイエット・プログラムに参加し、ダイエットに成功した261名についての調査を行っています。

その結果、リバウンドをしない人に共通して見られる特徴が明らかにされました。いったい、どういう人がダイエットを成功できたのでしょうか。

ウィングが調べたところ、いったん痩せても、運動をやめない人たちでした。これが一番大きな要因でした。

「もう十分に痩せたから、ダイエット終了！」と運動を完全にやめてしまう人は、そのうちリバウンドしてしまうのです。

ウィングによると、ダイエットを成功させ、しかも目標体重をずっと維持できる人は、運動を完全にはやめずに、2、3キロ太ったら、すぐにまた運動を再開できる人たちだったのです。

習慣が身につくと、私たちは大喜びします。

「やったぁ！」と思わず飛び上がって喜ぶわけですが、ちょっと待ってください。

せっかく習慣が身についても、努力をやめてしまったら、元に戻ってしまいます。

喜ぶのはそこそこにして、完全に気を抜いてしまうとか、それまでの努力をすっかりやめてしまってはいけません。

習慣が身についても、しばらくは同じ努力を続けることをおススメします。

勉強の場合、いったん記憶できたことでも、さらにもっと勉強を続けることを「オーバー・ラーニング」と呼ぶように、過剰にやらないと、せっかく覚えたことでも頭から抜け落ちてしまうことが知られています。

たとえ目標を達成できて嬉しくても、努力は続けましょう。せっかくうまくいったのですから、さらにそれを維持しなければもったいないです。

「楽しくてしかたがない」を口癖にする

「私は、こんなに努力している」
「僕はこれだけ頑張っている」
もしそのように思うのであれば、まだまだ努力しているとはいえません。

逆説的ながら、努力をしている人は、自分が努力をしているなどとは思っていないからです。**本物の努力家は、努力をするのが当たり前になってしまっているのであって、「私は努力している」などとは感じません。**

仕事も同じです。本当に頑張っている人は、自分が努力しているのだとはあまり思っていないものです。「私は、勤務時間を毎日2時間もオーバーして働いている」などと思うようでは、努力が足りません。

若い頃のスティーブ・ジョブズは1日に18時間も働いていたそうですが、「私は努力している」とは思っていませんでした。ジョブズは、仕事が大好きでしたので、何時間でも嬉々《きき》として働くことができたのでした。ココ・シャネルも仕事が大好きで、日曜日が大嫌いだったそうです。なぜ日曜日が嫌いかというと、仕事ができないからです。

私たちは、好きなことであれば何時間でもできます。

話すのが好きな人は、何時間でも話せるでしょうし、ゲームが好きな人は、一日中ゲームをしていても苦にならないはずです。

アメリカにあるフロリダ州立大学のネイル・チャーネスは、カナダ、ドイツ、ロシア、アメリカのチェス選手519名を調べ、グランドマスタークラスのトップ選手と、普通のレベルの選手の違いは何かを調べてみました。すると、両者の差はひとつだけでした。

トップ選手は、とにかくチェスの練習と研究に多くの時間をかけていました。

チェスを習い始めてから最初の10年間で、トップ選手の練習時間は約5000時間です。対する普通の選手は、約1000時間です。

5倍も頑張っていれば、トップ選手になれるのもうなずけます。

先ほど、成功する人は、他の人よりも努力をしているだけだというお話をしましたが、自分が「努力をしている」と感じるようでは、まだまだです。

では、どうすれば努力を努力と感じずにすませられるのでしょうか。

簡単な話で、「楽しい！　楽しい！」と自分に言い聞かせながらやればよいのです。

本当は苦しくても、「いやあ、楽しい！」と言っていると、自己暗示の効果によって本当に楽しく感じてくるでしょうし、楽しいことであれば、私たちは何時間でも努力を継続できます。

私たちは、多少苦しい努力をしていても、「楽しい！」と言い聞かせれば、辛くも何ともなくなるのです。

ゴムバンドを使って思考を修正する

自分のことを批判ばかりする人がいます。

「私は最低の人間だ」という思考ばかりをするのです。

そういう自己批判の思考習慣は何とかならないのでしょうか。


そんな人におススメなのが、ゴムバンド法です。

自分に対して、ネガティブな思考が浮かんだら、左の手首につけておいたゴムバンドを右の手首につけ変えるのです。

「こういう思考はよくないんだった」ということを意識しながら、ゴムバンドをつけ変えるわけです。しばらくして、また自己批判が起きたら、右の手首のゴムバンドを左の手首につけ変えます。


自己批判のたびに、ゴムバンドを交互につけ変えるようにすると、ばかげた自己批判を

している自分を意識することになり、そのうち自己批判の思考習慣もなくなっていくのです。

オランダのマーストリヒト大学のエルク・スミーツは、ゴムバンドでなくブレスレットを用意して、自己批判するたびにブレスレットを右手首から左手首へと交互に変えるようにしたところ、自己批判がおさまることを確認しています。

ブレスレットを与えて3週間後には、自己批判の思考はかなり抑えられることがわかりました。

「ネガティブなことを考えないようにしよう」と思っていても、なかなかネガティブ思考は消えてくれません。

ところが、手首に輪ゴムやブレスレットをつけ、それを左右につけ変えるという行動の一手間を加えると、なぜかネガティブ思考はおさまってくれるのです。

アイルランドの一風変わった習慣に、怒りが湧いて、もう我慢できないという気持ちになったら、ポケットに入れた小石をもう片方のポケットに移す、というものがあります。

小石の場所を変えることで、不機嫌になった自分の気持ちを転換させることが狙いなのですが、これも同じ原理です。
思考をストップさせたいなら、行動の一手間を加えるのがポイントで、よくない思考が頭に思い浮かぶたび、頬をパチンと叩いたり、手首につけた輪ゴムを引っ張って「パチン」と鳴らしたりするのもよいでしょう。

単に思考を抑え込もうとするだけでは、なかなかネガティブ思考は消えてくれません。**行動の一手間を加えることは、思考や感情のコントロールに役に立ちます。**
ネガティブな感情を紙に書き出すことは、感情をスッキリさせるのに役に立ちますが、紙に書き出すだけでなく、さらにその紙を封筒に入れ、きちんと封をし、「さあ、これでネガティブな感情を封じ込めたぞ」という行動の一手間を加えると、さらに気分がスッキリすることをシンガポール国立大学のシューピン・リーが明らかにしています。

ネガティブな思考を変えたい人は、ぜひこれらのテクニックを試してみてください。

朝型人間になる

クヨクヨと心配したり、悩んだりする思考習慣がある人を調べてみると、ある共通点が見つかります。

悩んでばかりいる人は、だいたいみんな「夜型人間」という傾向があるのです。

アメリカのニューヨーク州立大学のジャコブ・ノタによると、悩むことが多いのは夜型人間だということですし、ストックトン大学のデビッド・レスターは、**夜型の人ほど、抑うつの度合いが高く、絶望を感じやすく、しかも自殺願望も高いという傾向が見られることを突き止めています。**

夜型人間には、どうもそういう傾向があるようなのです。

というわけで、できるだけ朝型人間に生まれ変わったほうが、楽しく人生を歩めるのだということを覚えておいてください。

ちなみに、朝型、夜型といった分類は、変えようと思えばいくらでも変えることができます。なぜなら、就寝する時間や起きる時間などは、だいたい習慣によって決まってくるからです。

血液型や体質といったものは基本的に変えることができませんが、朝型人間になるのは難しくありません。

少しずつ早い時間にお布団に入るとか、少しずつ起床時間を早くするということをやっていれば、だれでも朝型人間に生まれ変われます。朝型人間になったほうが、いろいろとトクをすることは明白ですので、ぜひ早起き習慣を身につけてしまいましょう。

「早起きは三文の徳」という言葉があります。

「三文」というのは、ものすごく小さなお金で、現代でいうと、わずか100円ほどだそうです。ということは、「何だ、そんなものしかトクをしないのか……」とガッカリするかもしれませんが、チリも積もれば山となるともいいます。

さらに早起きの習慣が身につくと、意欲的で、エネルギッシュで、明るく、楽観的な人間にもなれますから、相当におトクであることは間違いありません。

毎日、楽しく生活ができる人は、みんな朝型です。

夜型人間なのに、元気いっぱいという人には、まずお目にかかれません。

夜型人間は、どうしてもやる気が出ず、何となくダラダラしてしまい、自堕落《じだらく》な人生を歩みやすいのです。

成功している人は、みんな朝型人間だということを考えても、朝型人間には驚くほどのメリットがあると考えてよいでしょう。

小さな子どものクセは気にしなくて大丈夫

親は自分の子どものことをあれこれと心配するものですが、もしお子さんが小さいなら、かりにおかしなクセがあったとしても、そんなに気にしなくても大丈夫です。ある程度の年齢がくれば、そういうクセ（習慣）は自然とおさまります。

アメリカにあるニューオリンズ大学のデビッド・エヴァンスは、生後8か月から6歳までの子どもがいる1492名の親に、子どもについてのクセや習慣を尋ねてみました。

その結果、同じ服ばかりを着ようとするとか、手をずっと目の前で左右にひらひらと振ったり、石などを口に入れてしまったりといった、おかしなクセや習慣は、2歳から4歳の子どもによく見られることがわかりました。

1歳以下と、5歳以上の子どもではあまり見られませんでした。

だいたい2歳から4歳くらいの年齢の子どもに、おかしなクセが起きやすいと言ってよいのかもしれません。

したがって、ご自身のお子さんがそれくらいの年齢なら、おかしなことをくり返していても、そんなに心配はいらないのではないかと思います。

他の子どもだって、同じくらいおかしなクセを持っているはずです。

小さな男の子が、自分のおちんちんばかりをいじっているからといって、すぐに何か手を打たなければならないのかというと、そんなことはありません。

親として心配になる気持ちはわかりますが、そのうち自然に消えてしまうでしょうから、放っておいても大丈夫なのです。

おかしなクセがあるからといって、大声を出して叱ったり、ぶったりするのもやめましょう。おかしな罰を与えると、かえって悪い習慣が維持されてしまいます。

いくら自分の子どもが心配だからといっても、まだ2歳から4歳くらいなのであれば、おかしなクセがひとつや二つあっても、まったく心配はいりません。

だれにでも起きる通過儀礼のようなものだと思ってください。

どうして2歳から4歳くらいの子どもに、おかしなクセが出やすくなるのか、その理由はわかっていません。

子どもは好奇心が旺盛なので、自分の身体をおもちゃ代わりにして、いろいろと遊びたくなってしまうのかもしれません。

親の目からすると「奇行」としか見えないこともごく普通にやるものだ、ということは覚えておくとよいでしょう。あらかじめそういうものだと思っていれば、子どもがおかしなことをしていても、軽く受け止めることができます。

大けがをする可能性があるとか、他の子に迷惑をかけてしまうということでもないのなら、たいていのクセはそのまま放っておいたほうがいいです。

「老い」を怖がらない

アンチ・エイジングという言葉がありますが、現代の私たちは、年をとることに対してネガティブな意識を持っているのではないかと思います。

「イヤだなあ、年なんてとりたくないなあ……」と思っている人が大半ではないでしょうか。けれども、そういう思考習慣はできるだけ持たないほうがいいです。

だれでも等しく年はとるのですから、そんなに悪いイメージを持ってはいけません。

アメリカのイェール大学のベッカ・レヴィは、1968年当時、まだ若かった人に年配者に対しての思い込みを質問してみました。

「お年寄りは無力だと思いますか？」

「年をとると、頑固になると思いますか？」

といった質問に答えてもらうことで、加齢にネガティブなイメージを持っているかどうかを聞いてみたのです。

それから40年にわたって追跡調査してみたところ、お年寄りに対してネガティブな思い込みを持っている人の25％は、30年後までに心臓発作、鬱血《うっけつ》性心不全などで亡くなっていることがわかりました。

お年寄りに対してネガティブな思い込みを持っていないグループでは、心臓発作などで亡くなる人はわずかに13％でした。

加齢に対してネガティブな意識を持っていると、早死にしやすくなってしまうようです。

長生きしたいのであれば、年をとることをポジティブに考えることです。

昔の人は、お年寄りにネガティブな評価をしていませんでした。

年をとるということは、「より賢くなる」ということであって、若い人のように欲望に振り回されないということであって、成熟するということであって、素晴らしいことだと考えられていました。長生きしたいのであれば、そういうポジティブなイメージを持っていたほうがいいでしょう。

年をとるたびに、「イヤだな」と言っていると、それが精神的なストレスを高めてしまい、早死へとつながります。

年をとることはもうどうしようもないことなのですから、そのまま受け入れて、素敵な年のとり方ができればそれでよいのだ、と割り切りましょう。

実際、お年寄りになっても元気な人は元気なままです。

若い人よりもアクティブなお年寄りは、いくらでもおります。年をとったからといって、だれでも無気力になるわけではありません。

年をとることにネガティブな意識を持つのはやめましょう。

心さえいつまでも若々しくいられれば、実年齢など、あまり関係がないのだと思っていたほうが、幸せな人生を歩むことができます。

私たちは、変化には抵抗する

私たちは、基本的に今の状況を変えたいとは思いません。

どんなに不都合があっても、それが習慣化してしまえば、そんなに不都合だと感じなくなるためです。

「このままでいいか」と感じてしまうのが、人間というものです。厳しい変化に耐えるよりは、ぬるま湯にずっと浸かっていたいと思うものなのです。

カナダにあるトロント大学のナディア・ベイシャーは、私たちは社会的な改革が必要であることは十分に理解していても、それでも変革や改革を求める活動家には、ネガティブな気持ちを抱いてしまうものだと指摘しています。

たとえば、フェミニストです。

男性だからとか、女性だからという理由で人を差別することは許されることではありませんが、そうはいってもフェミニストに対しては悪いイメージを持ってしまうことをベイシャーは実験で確認しています。

またベイシャーは、熱心な「環境保護活動家」も、やはり悪いイメージを持たれることも突き止めています。

環境保護が大切なことは言うまでもありませんが、それでもエアコンの便利さに慣れた私たちは、なかなか節電できませんし、電気自動車でなく、ガソリンの自動車に乗ってしまうものなのです。企業もそうです。

本当は、ドラスティックな改革をしなければいけないのに、私たちはあまり変化を好みません。できるだけ現状のままでいたいのです。

そのためでしょうか、組織の改革などを声高に叫べば叫ぶほど、しかもそれが正論であればあるほど、他の人たちからは煙たがられ、どこかの部署に左遷《させん》させられてしまうことがあります。

何かを変えようとすると、必ず抵抗勢力にぶつかります。

個人の習慣を変えるのも難しいものですが、会社の、あるいは社会のルールや秩序や慣習を変えるのは、それ以上に難しいのではないかと思います。

「変えなければならない」ということは、だれでも理解してくれるのですが、実際の変化がなかなか起きないのは、それだけ習慣の力が強いということです。

よほどのことがないと、組織や社会は変わりません。

組織や社会の変化が、あまりにも小さいとか、あまりにもゆっくりだとしても、そんなに目くじらを立てないようにしましょう。

少しずつでも変化が起きているのなら、それでいいではありませんか。

個人の習慣を変えるときもそうですが、急激に古いものをそっくりなくしてしまうということは、なかなかできるものではありません。

コラム

子どもの勉強習慣は急がなくてよい

子どもが生まれると、親は急いでいろいろなことを教えようとしてしまいます。ですが、そんなに慌てて教える必要はあるのでしょうか。

「這《は》えば立て、立てば歩めの親心」という言葉があります。

赤ちゃんがまだハイハイを始めたばかりなのに、親というものは「ようし、次は立たせよう」と思いますし、ようやく立ち上がることができたと思ったら、「次は、歩かせよう」と、どんどん先のことを教えたくなってしまうものです。

たしかに、音楽などのようにできるだけ小さな頃から教えたほうがよいものもありますが、こと勉強に関しては、そんなに急がせる必要はありません。イヤがる子どもを椅子に座らせて勉強の習慣を身につけさせようとしなくてもよいのです。

「のんびりしていたら、他の子に後れを取ってしまう」

「先に学習しておかないと、子どもが学校で苦労することになってしまう」

親としては、そういう気持ちになるのももっともだと思いますが、それでも勉強は急がせないほうがよいのです。

なぜかというと、早く始めようが、遅く始めようが、あまり関係がないからです。

ニュージーランドにあるオタゴ大学のセバスチャン・スゲイトは、OECD(経済開発協力機構)が進めている生徒の学習到達度調査(PISA)について、56か国のデータを調べてみました。

子どもが小学校に上がる年齢は国によって違います。

スゲイトが調べたところ、4歳からスタートする国が、1か国。5歳からスタートの国が3か国、6歳からが33か国、7歳からが19か国という内訳になりました。だいたい6歳くらいが就学を開始する年齢といってよいでしょうか。

では、就学開始の年齢が早いほうが有利とか、遅いと不利ということがあるのでしょうか。いいえ、そういうものはありませんでした。

調べてみると、各国に見られる就学開始の年齢による読解力などの差は、15歳までにきれいになくなっていることをスゲイトは突き止めました。２年早く勉強をスタートしても、そのうち遅くスタートした人と同じになってしまうのです。

子どもが自分から、いろいろなことに興味を持ち、自分で勉強を始めるのなら、早いうちにいろいろと教えてもよいでしょう。

ところが、たいていの子どもは、そんなに勉強が好きではありませんから、親がイヤがる子どもを抑えつけて勉強をさせることになってしまいます。これではむしろ勉強嫌いな子どもになってしまうのではないでしょうか。

子どもの理解力もまだそれほど発達しておりませんので、教えようとする親もイライラさせられてしまうばかりで、お互いにとってまったくメリットがありません。こと勉強に関しては、そんなに急がせないようにしましょう。

CHAPTER

第4章

習慣を身につける裏技

自分の行動を記録につけてみる

自分の行動や努力の結果をきちんと記録として残しておくことは大切です。

なぜなら、その記録を見れば、「ずいぶん、自分も頑張っているのだな」ということが実感でき、さらに頑張ろうというやる気が出るからです。

アメリカにあるハーバード大学のテレサ・アマビルは、作業員の日記を分析し、「毎日、ほんの少しでも進歩している」という気持ちが、人を意欲的にさせることを突き止めました。

自分の成果を目に見える形にしておくことは、習慣を身につけるときにものすごく役に立つ方法です。

ただし、**記録をつけるときにはちょっとしたコツもあります。**

■図⑤　1週間の訪問件数

月曜	火曜	水曜	木曜	金曜	土曜	日曜
5件	7件	6件	5件	8件	12件	6件

■図⑥　1週間の訪問件数（累積グラフ）

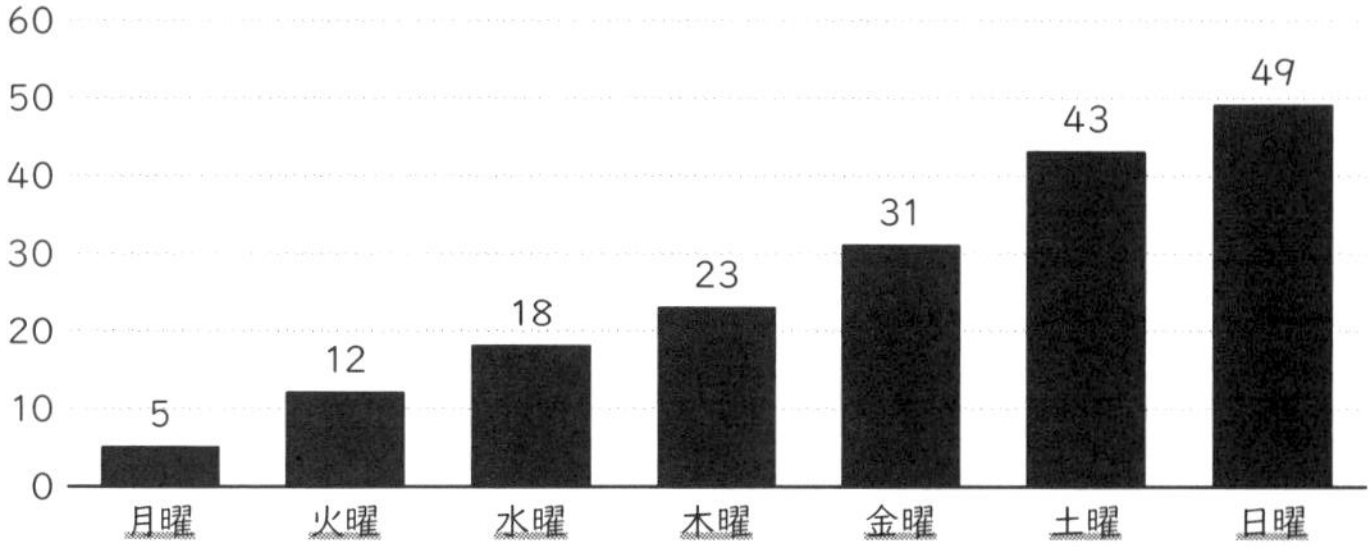

それは、累積のグラフをつけることです。

累積のグラフというのは、前の記録に、新しい記録をどんどん積み重ねていくグラフのことです。累積のグラフは、横ばいということはあっても、下がることは絶対にありません。いつでも右肩上がりになっていくグラフなのです。

そして右肩上がりのグラフを見ていると、何となく自分も頑張っているように感じられますので、モチベーションを高めるのに都合がいいグラフなのです。

たとえば、営業の仕事をしていて、1週間のお客さまへの訪問回数の記録をつけたとしましょう。

普通の人は、前ページの図⑤のような感じで記録をつけるのではないかと思います。正確な記録ではあるものの、やる気もあまり出ません。

そこで、前日の数値に、次の日の数値をどんどん累積させていくデータにすると、前ページの図⑥のようになります。

どうでしょうか。「いやあ、今週は頑張ったなあ」ということが実感できます。累積合計のグラフのほうが、見ていて楽しくなるはずです。

ほんのちょっとしたコツですので、覚えておくと習慣を身につけたいときにとても役立つと思います。

たくさん鏡を置いておく

自宅のあちこちに鏡を置いておくといいです。

なぜかというと、**私たちは、鏡で自分の姿を見ると、自己意識が強化されるからです。**

オランダにあるラドバウド大学のアプ・ディクステルホイスは、多くのスポーツジムにおいて、鏡張りのところが多いのは、利用者が鏡で自分の姿を見ることで自己意識を強化し、「もっと頑張ろう」という気持ちを高める効果を狙っているからだと指摘しています。

たとえ手を抜きたい気持ちになっても、鏡に映った自分の姿を見ると、「もう少しだけ、やってみるか」というモチベーションが高まるのです。

そういうわけで、新しい習慣を身につけようとするときには、ちょこちょこと鏡で自分の姿を見たほうがいいのです。

「今日はちょっとサボっちゃおうかな」という気持ちになっても、鏡を見れば、何となくサボりにくい気持ちになります。

自分が悪いことをしているような気分になってしまうのです。


デパートや高級店では、お店のあちこちに鏡が設置されています。

どうして鏡を置いているのかというと、万引き防止のためです。

自分の姿を鏡で見ていると、お客さまも万引きをしようという気持ちにならないのです。

自己意識が強化され、悪いことを抑制できるのです。


普段、あまり自分の外見を気にしない人でも、トイレの洗面台で鏡に映った自分を見ると、髪型を直そうとしたり、ネクタイをきちんと締め直したりするのではないでしょうか。

鏡を見ると、だれでも自然と「きちんとしなければ」という気持ちになるのです。


私が会社の経営者なら、職場のいろいろなところに鏡を置いておくでしょう。

そうすれば、社員たちは手を抜いたり、会社の備品を盗んだりしなくなると予想できるからです。

自宅の玄関のそばには、鏡を置いておきましょう。出かけるたびに、自分の姿を見て、「ようし、頑張るぞ」という気持ちになることができます。

最近では、化粧をする男性も増えておりますが、それでも多くの男性は、コンパクトミラーを携帯することはないと思います。

ですが、鏡は自分のモチベーションを高めるのにとても効果的な小道具ですから、ぜひ利用してみてください。

仕事用のカバンの中にコンパクトミラーをひとつ入れておくと、いつでも好きなときに自分の顔を見ることができますし、気分がだらけてしまいそうなときに利用することができます。

身だしなみの習慣をつけるには

帝国ホテルの職場には、フロントの裏でも、レストランと調理場の入り口にも、鏡が置いてあるそうです（『帝国ホテルのおもてなしの心』）。ホテルマンは、必ず鏡で自分自身をチェックしてから、仕事に入るのです。

鏡で自分の姿を見ることはよいことです。

髪型の乱れや服装の乱れをすぐに直すことができますし、背筋を伸ばして歩くこともできます。鏡を見ると、私たちは、まるでプロのパフォーマーが舞台に上がったときのように、「オンステージ」の状態になるのです。

靴のかかとの部分を踏みつけたままの状態にしたり、だらだら歩こうとしたりすることもしなくなります。

上司が、社員の身だしなみについて口うるさく指導している会社があります。毎日のように身だしなみについて声を荒らげて指導をしているわけですが、私が経営者なら、職場に大きな鏡を設置するでしょう。

なぜなら、職場に大きな鏡を置いておけば、社員は否応なく自分の姿をチェックするようになりますし、わざわざ上司が指導する必要もなくなるからです。

鏡を置いておけば、社員は勝手に服装チェックの習慣を身につけてくれます。

東京・四谷にある学習院の初等科は、校内に鏡がたくさんあることで有名です。だいたい小学生は、身だしなみなど気にせずだらしない恰好《かっこう》をしているものですが、学習院に通う子どもがきちんとしていられるのは、校内の鏡のおかげであろうと心理学的には分析できます。

鏡があると、身だしなみもそうですが、心理的にもきちんとすることが知られています。

アメリカにあるモンタナ大学のアーサー・ビーマンは、ハロウィンのときに、キャンディの入ったボウルを置いておき、「一人一個まで」と書いておきました。

なお、ボウルは2か所に用意されていて、ひとつのボウルの後ろには大きな鏡を置いておき、自分の姿が映るようにしておきました。

それから、お菓子をもらいにきた363名の子どもをこっそりと観察してみると、鏡の置かれたボウルのところでは、子どもたちも「一人一個まで」という指示にきちんとしたがったのに、鏡のないボウルのところでは、2つ、3つのお菓子をとっていってしまうことが判明したのです。鏡があると、心まできちんとするのです。

職場の社員の身だしなみ、あるいはエチケットやマナー意識を高めたいのであれば、鏡を設置してみましょう。

そうすれば、上司がガミガミ指導をしなくても、社員自身で気をつけるようになります。

コミットメント戦略を使う

「コミットメント」という心理学用語があります。

なかなか訳しにくい言葉なので、そのままカタカナで使われますが、「自分を縛りつける仕組み」といった意味です。

逃げ出したくても、簡単に逃げ出せないようにする。それがコミットメント戦略です。

たとえば、19世紀のフランスの小説家ビクトル・ユーゴーは、使用人に命じて、決められた時間がくるまで自分の洋服を隠してもらいました。

なぜかというと、素っ裸なら、外出したくてもできません。なかなか面白いコミットメント戦略です。

同じく小説家のドストエフスキーは、締切を守らなかったら、9年間、無償で出版する権利というものを出版社と契約しました。お金がもらえないのは、だれにとっても嬉しくありません。こういうコミットメント戦略で、ドストエフスキーは死に物狂いで『賭博《とばく》者《しゃ》』という小説を書き上げたと言われています。

「もし、私がタバコを吸っているところを見かけたら、1000円払う」ということを職場の人と約束したとしたら、それも立派なコミットメント戦略です。

もし禁煙したいのなら、そういう約束を他の人としてみるのもいいです。

イギリスのインフルエンス・アット・ワーク社のスティーブ・マーティンは、とある病院から依頼を受けました。

どんな依頼かというと、患者が予約した日時に来てくれないので何とかしてほしいというものです。

この依頼を受けたマーティンは、コミットメント戦略を使うことにしました。次回の診察を予約するとき、「12345」などといった予約の登録番号を患者自身にメモしてもらうようにしたのです。

患者自身に予約のコミットメントをさせるという作戦は大成功でした。

コミットメントを使う前の6か月の平均より、18%も予約のすっぽかしは減少したのです。

ただメモをとらせるだけでも、「まあ、自分がそう決めたのだから」という気持ちが強化され、約束を破らなくなるのです。

もし、読者のみなさんの知り合いが、待ち合わせをするときに平気で遅刻をしたり、すっぽかすような人なのであれば、こちらがいろいろと決めるのではなく、相手に決めさせるようにするといいです。

待ち合わせの場所や日時を相手に決めさせるだけでも、遅刻やすっぽかしはずいぶんと減るだろうと思われます。

だれでも話がうまくなる方法

たとえどんなに内気な人でも、ちょっとしたコツを知っておくだけで会話上手になることができます。

性格を変える必要はありません。内気な性格から社交的な性格にならなくても、会話上手になることは難しくないのです。

その方法とは、あらかじめ会話の話題を決めてしまうことです。

知らない人と会話をするときには、とりあえず「家族」「趣味」「職業」の3つを聞こうと決めておけば、余計なことで緊張することもありません。

会話上手な人は、いつでもアドリブで会話をしているのでしょうか。

いいえ、違います。あらかじめ自分なりに話題（ネタ）を設定し、相手に聞きたい質問を決めておき、自宅でリハーサルをしているのです。噺家《はなしか》さんや、お笑い芸人も同じで、しっかりとネタを仕込んで、リハーサルをしているから、スムーズに会話ができる（ように見える）のです。

自分なりに会話の練習をしておけば、会話を恐れる必要もありません。

アメリカのウィスコンシン大学のリチャード・マクフォールは、本当は言いたいことがあるのに、それを口に出せない人ばかりを42名集めて、あらかじめ具体的な状況を設定して、それぞれの状況でどう断ればよいのかのセリフを考えてもらいました。

たとえば、「行列に割り込もうとする人がいた」という状況を示し、こういう状況のときにどう言えばいいのかを考えてもらったのです。「行列の最後尾はあっちみたいですよ」「他の人も並んでいるのですから後ろに並んでください」などと自分なりにセリフを決めたら、そのセリフを何度も声に出してリハーサルしてもらいました。

すると、どうでしょう。あとで調べてみたところ、リハーサル訓練をしたグループでは

62・94％が言いたいことをはっきりと言えるようになりました。

訓練を受けていないグループでは、きちんと自己主張できる割合が46・16％でしたので、リハーサル訓練はとても効果的であることがわかったのです。

どうして会話が怖いのかというと、簡単な話で、単純に練習不足です。

あらかじめリハーサルの練習をしていないので、まごついてしまうのです。

会話が苦手な人は、とにかく自分なりに話題を決めてしまって、「相手と話したいこと」の想定問答集《もんどうしゅう》のようなものを作り、それを頭に叩き込んでおくとよいでしょう。そういう習慣を身につけておけば、会話などこれっぽっちも怖いと感じなくなります。

転職エージェントでは、就職面接の練習をくり返すことで、面接での採用率を高めるそうです。

会話も同じです。何度もリハーサルすればスムーズな会話ができるようになるのです。

「とちり蕎麦」を準備

歌舞伎の世界では、セリフをとちると、共演の役者さんにお蕎麦《そば》を配るというユーモラスな慣習があります。

歌舞伎役者もプロとはいえ、セリフを忘れたり、出番を間違えてしまったりすることは避けられません。そんなときには自腹を切って他の人にお蕎麦を振る舞うのです。

これは舞台での「とちり」(失敗)の責任をとることから、「とちり蕎麦」と呼ばれているそうです。こういう慣習はとてもいいことだと思います。

なぜなら、仮に失敗しても気にせずにすむからです。

共演者も、お蕎麦をおごられたら、「まあ、許してやるか」という気持ちになりますし、本人にとっても気がラクでしょう。

アメリカにあるメリーランド大学のライアン・ファーは、お詫びをするときには、何らかの「埋め合わせ」が含まれていると、他の人も許してくれることを明らかにしています。**埋め合わせがなく、ただ口先で「ごめん」とお詫びされても人は許してくれませんが、商品の割引であるとか、お詫びの品々をもらったりすると、すんなり水に流してくれるのです。**

というわけで、みなさんも「とちり蕎麦」作戦を使いましょう。


「できるだけ急ぎますが、納品が遅れたら、お蕎麦をおごりますので許してください」

「商品やデザインが気に入らなかったら、お蕎麦をご馳走します」

「もしご迷惑をおかけしたら、お蕎麦を振る舞いますので……」

こんな感じのことをあらかじめ相手に伝えておくといいです。

「歌舞伎の世界では『とちり蕎麦』というものがあるらしいですよ」と説明をし、自分も同じようにご迷惑をおかけしたときには、とちり蕎麦を奢らせてもらいたいのだと相手に伝えておきましょう。

そういうクセ（習慣）を身につけておけば、仮に相手に迷惑をかけてしまっても、そんなに心配せずにすみます。

まだ相手に迷惑をかけていない段階なら、相手も埋め合わせの提案を受け入れてくれるでしょう。

仮に迷惑をかけたら、こんな感じで埋め合わせもいたしますと伝えておけば、相手も怒れません。

お蕎麦というのが粋です。高級な料亭で奢らなければならないとすると、相当な出費を覚悟しなければなりませんが、お蕎麦であれば、関係者全員にお詫びをしても、そんなに懐《ふところ》も痛みません。

面倒くさくならないように工夫をする

私たちは、何かをするときに面倒くさいと感じると、その行動をとらなくなります。

たとえば、ギターの練習をするのなら、いちいち練習のたびにギターケースから取り出す必要がないように、ギターをそのまま部屋に立てかけて置いておきましょう。そうすれば気が向いたときにいつでも練習できます。

毎回、練習をするたびにケースに入れて、さらにタンスや押し入れにしまおうとすると、次に練習しようかなと思ったとき、いちいちギターを取り出すのが面倒くさいと感じます。そのうち、面倒だからといって練習もやめてしまうでしょう。

仕事を終えるとき、ファイルをキャビネットにしまうとか、資料を保管庫にしまおうとすると、翌日に仕事を始めるとき、必要なファイルなどをまず取ってこなければなりません。その点、やりかけの仕事をそのままデスクに出しっぱなしにしたほうが、翌日にすぐ仕事を再開できます。仕事の終わりに、きちんと整理整頓しようとするのはよい心がけですが、面倒くさいと感じるのなら、やりかけの状態のままにしておいたほうが、スピーディに仕事を開始できます。

もちろん、上司から「机の上をきちんと整理してから帰宅しなさい」と怒られたら、しかたがありません。

アメリカのテキサス大学のデベンドラ・シングによると、私たちは面倒なことは基本的にしたくないと感じるようです。面倒な作業をしないとおいしいクラッカーが食べられないという実験をすると、人はクラッカーをあまり食べないそうです。

面倒くさいことをしなければならないなら、おいしいクラッカーでも我慢したほうがいい、と感じるのでしょう。

新しい習慣を身につけたいのなら、まずは面倒な手間はすべて省くようにしましょう。

料理でいうと、下ごしらえを終わらせておくのと似ています。下ごしらえをしておけば、スムーズに料理を作ることができます。

仕事をするとき、きちんと「根回し」をしておくことも、後々の面倒を省くうえで大切なことです。根回しをしておかないと、「そんな話を俺は聞いていない」と言い出す人がいて、こちらがやろうとしてくることに感情的に反対してくるかもしれません。

そうならないように、きちんと根回しをしておく必要があるわけです。

会議の前には、参加者全員に根回しをしておけば、会議もスムーズに進行します。

根回しをすることによって仕事はやりやすくなるものです。

睡眠学習を試してみる

睡眠学習と呼ばれる学習法があります。

眠っている間に、覚えたい英単語や歴史の年表を音声などで流しておくと、まったく努力もせず覚えたいことがスイスイと記憶できるという、まことに都合のよい学習法です。

睡眠学習については、今までのところ、「効果アリ」ということを示す研究もあれば、「効果なんてナシ」とする研究が混じっていて、確定的な結論を出せないのですが、ここでは「効果アリ」という研究をご紹介しましょう。

アメリカのシンクタンク、ランド研究所のチャールズ・サイモンは、爪を噛むクセのある20名の少年を半分にわけて、片方のグループだけに睡眠中、「爪はひどく苦い」というメッセージを一晩に300回聞かせてみました。

期間は54日間です。すると、40％は爪を噛むのをやめてしまいました。そういうメッセージを聞かせないコントロール条件では、爪を噛むのをやめたのは0％でしたので、睡眠学習が効果的であることが示されたのです。

もちろん、この研究ひとつで睡眠学習が効果的と結論するのは早計《そうけい》というものですが、「鰯《いわし》の頭も信心から」という言葉もあるとおり、効果的だと信じてやっていれば、意外に効果が見られるかもしれません。

まず、自分のやめたい習慣、あるいは身につけたい習慣についての文章を作り、それを読み上げて録音しましょう。

睡眠中には、そのメッセージをエンドレスで流し続ければ、自分でも知らないうちに潜在意識に刷り込まれるはずです。

たとえば、もっと社交的な人間になりたいのであれば、

「知らない人と話すことは、ちっとも怖くないよ」

「出会う人はみんな、私に親切にしてくれるよ」

こういうメッセージ文章をたくさん作って、それを録音するのです。

どういう文章が自分にとって効果があるのかはわかりませんので、いろいろな文章で試してみるとよいかもしれません。もし睡眠学習で新たな習慣が身につくのなら、眠っているうちに自己改善できるわけで、こんなに素晴らしいことはありません。

もし睡眠学習に効果がないのだとしても、高価な睡眠学習セットを購入したりするのでなければ、効果がゼロというだけで、特に大きなデメリットがあるわけではありませんので、気楽に試してみるのがよいと思います。

睡眠学習が効果的であるという研究もあることですし、どうせやるのなら「効く！」と思ってやってください。

そのほうがプラシボ効果（偽薬効果）も働いて、うまくいく可能性も高まりそうです。思い込みによって効果が期待できるかもしれません。

メールチェックを減らす

毎日、生き生きとした生活を送りたいのであれば、一日のメールチェックの頻度を減らしてみるのがいいかもしれません。

最近は、スマホ中毒の人が本当に増えました。

一日中、スマホをチェックしているのです。どこに行っても、何をしていても、スマホばかり見つめている人が、ハッピーな人生を送れるのかというと、疑問です。

SNSを見る頻度や、メールチェックの頻度を減らせば、あら不思議、みなさんの人生は大きく変わるでしょう。そういうことを示す科学的なデータもきちんとあります。

カナダにあるブリティッシュ・コロンビア大学のコスタディン・クシュレフは、市民が集まるコミュニティセンターにポスターを貼ったり、地元の新聞で実験に参加してくれる人を募ったりして、124名（平均30歳）の協力を得ました。

クシュレフは参加者を2つにわけ、片方のグループには、「1週間、一日のメールチェックは3回まで」という指示を出しました。

残りのグループは、今までと変わりません。つまり、1週間、これまで通りメールチェックの回数は無制限にやってもらいました。

さて、1週間後、もう一度集まってもらっていろいろと調べてみると、メールチェックを一日3回に制限されたグループでは、毎日感じるストレスが減り、高揚した気分を感じられるようになり、睡眠の質も改善され、ぐっすりと眠ることができるようになり、しかもたくさんの仕事をこなせるようになっていたのです。

メールチェックを減らす方法は、大成功でした。

SNSをやっている人は、そのことばかり考えてしまって、その他のことに注意が向きません。

食事をしているときにも、スマホの画面を見つめていれば、せっかくの料理の味も楽しめません。友だちと会っているときも、スマホが気になったら、友人との会話も楽しめなくなります。

というわけで、メールチェックやスマホの確認は、できるだけやらないようにしたほうがいいのです。

インターネットでは、スマホ中毒、スマホ依存症などを測定する無料のテストもありますので、そういうもので自分の中毒度合いを調べてみることをおススメします。

「私は、立派なスマホ中毒だ」ということが判明したら、ぜひスマホを確認する回数を減らしてみてください。それだけで毎日の生活は質的に向上します。

毎日、やる気が出ないとか、無気力になりやすいのは、ひょっとするとスマホ中毒だからということが関係している可能性が高いのです。

就寝1時間前には、スマホ禁止

たえずスマホをいじっている人が増えました。
スマホがないと生きていけない、と感じる人も増えたように思います。

たしかにスマホはとても便利なテクノロジーではあるものの、アルコールやタバコや麻薬の依存症と同様、スマホ依存症になると人生が台無しになってしまいますので、ぜひともこの習慣は改めるようにしなければなりません。

もちろん、スマホは一切禁止、などとは言いません。

けれども、せめて就寝する1時間前からは、スマホをいじらないようにするという習慣を身につけましょう。

アメリカにあるハーバード・メディカル・スクールのアン・マリー・チャンによりますと、スマホやタブレットなどが発するブルーライトはとても強い光なので、睡眠前にスマホの画面を見つめていると、眠気を感じにくくなるそうです。

そのため、眠りにつくまでに長い時間がかかってしまい、ぐっすりと眠れなくなります。その結果、翌日にもすっきりとした気分を感じられず、集中力や注意力も出なくなってしまうのだそうです。

「眠ったのに、何だか疲れがとれない」
「最近、眠りが浅いような気がするな」

もしそんな風に感じてしまうのなら、それは眠る直前までスマホをいじっていることが原因かもしれません。**きちんと睡眠をとらないと、身体がだるくて重いように感じてしまうのですが、そういうことは就寝前のスマホをやめるだけで一気に改善できます。**

毎日、スキップをしながら歩くような生活を送りたいなら、まずは就寝前のスマホをやめてください。

「眠る前には、本を読む習慣を身につけるとよい」と昔から言われますが、それはあくまでも紙の本のことです。

ブルーライトを発するタブレットなど、電子化された本のことではありませんので注意してください。電子化された本を読んでいると、かえって目が冴えてしまい、眠りにつきにくくなってしまいます。

キンドルなどの読書用タブレットでは、ブルーライトがほとんど出ないそうですが、私としては紙の本がおススメです。

紙の本を読んでいると、心がリラックスしてきてぐっすりと眠ることができます。

しかも眠る直前に読んだ内容は、しっかりと記憶できますので、知識を得るのにも好都合です。あまり刺激的な内容の本ですと、目が冴えてしまうこともありますが、それさえ気をつければ睡眠前の読書はとても好ましい習慣だといえるでしょう。

深呼吸で「怒り」を抑制する

感情的にすぐにキレてしまうのは、性格ではなくて、習慣行動です。

「生まれつき短気な性格」だから怒りっぽいのではなく、何かあるとすぐに暴力を振るったり、モノを投げたりするという行動を習慣化してしまっているだけです。

そういうわけで、怒りっぽい人も、そういう習慣を改めることはできます。

ひとつは、感情的にキレそうになったら、すぐに深呼吸をすることです。

深呼吸というのは、怒りを抑制するのにものすごく効果的な方法ですから、「何だかキレそうだ！」という衝動の高まりを自分でも感じたときには、ゆっくり10回くらい深呼吸してみてください。

アメリカにあるネブラスカ大学のキース・アレンは、ある男性テニス選手に深呼吸のアドバイスをすることで、うまく怒りを発散させられることを明らかにしています。

このテニス選手は、試合中に激昂《げきこう》してラケットを地面にたたきつけるという困った習慣がありました。4つの公式な大会と、公式大会以外の6つの試合での怒りの爆発を測定してみると、だいたい1か月に15回キレていました。

ところが「キレそうになったら、すぐに深呼吸」というやり方を伝授したところ、1か月での感情爆発は、わずか数回にまで減らすことができたのです。

すぐにイライラ、ムカムカする人は、深呼吸を試してください。

モノを蹴飛ばしたり、だれかに八つ当たりをしたりするより、深呼吸のほうがずっと早く気分を落ち着けることができます。

ところで、どうして深呼吸は、そんなに効果的なのでしょう。

その理由は、新しい酸素をたくさん体内に取り込むことができるからです。脳にも酸素が行き渡り、血液の循環《じゅんかん》がよくなります。すると交感神経と副交感神経のバランスが整って、幸せホルモンと言われるセロトニンが分泌されます。

これによって心身がリラックスするのです。

深呼吸が効果的なのは、怒りっぽい人だけではありません。

不安や緊張で悩んでいる人にも、同じく効果的です。

ドキドキして気分が落ち着かないという困った習慣がある人も、やはりドキドキが始まりそうだと感じたら、ゆっくり深呼吸してみるといいでしょう。

たくさん脳に酸素が行き渡ると、心身がリラックスして「まあ、大丈夫だろう」と思うことができますから、ぜひお試しください。

思考も、習慣の影響を受ける

私たちの思考も、実は、習慣の影響を受けています。
習慣によって、自動的にある特定の思考が起きてしまうのです。

アメリカにあるノースダコタ大学のブライアン・メイアーは、そんな自動化された思考についての研究を行っています。

多くの国の文化では、「上」は何か尊《とうと》いものや、素晴らしいものと結びついたイメージがあり、「下」は劣ったもの、つまらないものに結びついたイメージがあります。

日本語でも、「上座」とか「下座」という言葉がありますし、「上手」「下手」という熟語もあります。「上」は何となく良さそうなイメージがあって、「下」は何となく悪いイメージがあるわけです。

そのため、私たちは「上」という言葉がくっついた単語を見ると、自分でも知らないうちに、自動的に何かポジティブな思考が頭の中で湧き起こるのです。とても不思議です。

色でいうと、「白」という言葉を聞くと、私たちは無意識のうちに、清楚、清純、可憐、純潔など好ましいイメージを抱きます。「黒」と聞くと、どうしても何か悪いものを連想するに違いありません。メイアーは、コンピュータ上で白いフォントの単語と、黒いフォントの単語を見せて評価してもらうという実験をしてみたのですが、やはり白いフォントで書かれていると、ポジティブな評価が高くなりました。

この結果をもとに、メイアーは、「白い服を着ていると、それだけで性格もよさそうだと思ってもらえる」と面白いアドバイスをしています。

私たちにとって、白は、ポジティブなイメージと結びついているので、白い服を着ているだけで、それを見た人には好ましいイメージが自動的に引き起こされるのです。

ちょっとズルイやり方のようにも思えますが、シャツの色はやはり定番の白が心理学的にはおススメだといえるでしょう。

結婚式のとき、新婦が真っ白なウェディングドレスに身を包んでいると、ものすごく魅力的に見えてしまうのは、白い色を見ると、私たちの思考は、自動的にポジティブな思考やイメージを誘発するからに他なりません。

私たちの思考は、自分でもわからないくらいに、習慣化されており、自動化されているということを知っておくとよいでしょう。

一般に、「偏見」と呼ばれるものも、やはり習慣化された思考です。

外国人を見て、「外国人は怖い」「外国人は信用できない」という思考がすぐに浮かんでしまうのは、やはり習慣化された思考に他なりません。

そういう、**思考や思い込みは、正しいこともありますが、誤っていることもそれ以上に多いので、少しずつ修正するようにしてください。**

コラム

ヨガをやってみる

日本国内で、ヨガを実践している人は推定770万人と言われています。

潜在人口はもっと多くいると思われます。

さて、かなりの人がヨガを実践しているわけですけれども、これは非常に良い習慣だと思います。というのも、ヨガを実践すると、心がスッキリして晴れやかになり、明るい人生を歩むことができるだろうと思われるからです。

オーストラリアのメルボルンにある健康生活テクノロジー社のジョナサン・ハルパーンは、60歳以上で不眠症の人を募集し、12週間のヨガコースに参加してもらいました。

その結果、ヨガをすると、ぐっすり眠れるようになり、睡眠時間も長くなりました。

さらに、うつも減り、疲労も感じにくくなることがわかったのです。

ヨガをすると心身ともに健康になれるといえるでしょう。

もし自宅のそばにヨガ教室があるのなら、お試しだけでもしてみるとよいでしょう。自分に合っていると思うのであれば入会すればよいですし、「これはちょっと……」と思うのなら、入会しなくてもかまいません。

地域のコミュニティで無料のヨガ教室をやっているのなら、それに参加させてもらいましょう。知り合いも増えて、楽しいと思います。


人に教わるのに抵抗があるのなら、ユーチューブなどの動画でもかまいません。初心者でも簡単にできるヨガのポーズを動画で覚えて、自宅でやってみてください。自宅ですので、人の目も気にせず、リラックスして実践できます。

ヨガのよいところは、激しい運動を求められないことです。ゆっくりとポーズをとり、心をリラックスさせることが目的ですから、他の運動に比べてもまったくハードではありません。ハードなものもあるのですが、まずは初心者にも簡単にできるポーズから試してみましょう。心がスッキリしてくることを体感できると思います。

「ちょっと最近、うつっぽく感じることが多くなった」と思う人は、ぜひヨガを試してみてください。心療内科などのクリニックで抗うつ剤を処方してもらうのもよいですが、薬は毒にもなり得ますし、ヨガをやっていれば自然にうつも治るかもしれません。

私には妹がいるのですが、不眠症のために精神安定剤を飲んでいたのに、ヨガを習うようになったら薬がいらなくなった、と話していました。もちろん、人にもよると思うのですが、ヨガはとても効果的なのです。

ヨガとストレッチは似ておりますが、ちょっと違いもあります。

ストレッチは筋肉をほぐし、身体の柔軟性を高めるという効果があるのですが、ヨガのほうはゆっくりと深く呼吸をし、自律神経のバランスを整え、メンタルを安定させるという効果があります。どちらもリラックス効果をもたらすという点では、そんなに大きな違いではありません。

うまく習慣化するかどうかは本人のやる気にかかわってくるのですが、ともあれヨガ習慣を試してみるのもいいのではないかと思われます。

CHAPTER

第5章

悪い習慣をやめる

悪い習慣を「できない」ようにする

悪い習慣を改めようとするとき、たいていの人は、「意志力」に頼ろうとします。

「こんなことは、もうやめなきゃ。こんな習慣は、二度とやらないぞ」

という具合です。

しかし、こういう**意志力に頼ったやり方では、悪い習慣をなくすことはできません。**

前述のように、人間の意志力は、そんなに強くないからです。意志力と習慣が争ったら、確実に習慣のほうが勝ちます。では、どうすればいいのでしょうか。

ひとつのやり方は、悪い習慣がオモテに出てこようとしても、「物理的に不可能にする」という方法です。

「抜毛症《ばつもうしょう》」と呼ばれる精神障害があります。自分でも気がつかないうちに指でくるくると髪の毛を巻きつけて引っ張って抜いてしまうのです。

ひどい人になると、頭の髪の毛が薄くなるほどに毛を抜いてしまいます。

テレビを見ながら、あるいは、本を読みながらどんどん髪の毛を抜いてしまうという悪い習慣なのですが、アメリカのサウスダコタ州立大学のクリスティン・ディーバーは、ユニークな方法で抜毛症の治療を成功させています。

ティナという女の子が抜毛症のためにクリニックを訪れたのですが、ディーバーは、「もう髪の毛には触らない」などと意志力に頼る治療をするのではなく、自宅にいるとき、料理で使うミトン（手袋）を両手につけてもらうようにしたのです。

手にミトンをつけていれば、髪の毛をくるくると丸めたりはできません。

「物理的に不可能にさせる」ために、ミトンを使ったわけです。

すると、どうなったでしょうか。治療前のティナは、自宅にいる時間の61・6％の時間、髪の毛を触っていたのですが、ミトンをつけさせると、髪の毛に触る時間は0％になりました。触りたくても触れないのですから、これは当たり前の結果です。

そのうち、ティナが髪の毛を触らずにすむようになったところでミトンを外してもよいということにしましたが、この効果は10か月後に調べたフォローアップでも維持されていました。

悪い習慣を、意志力でどうにかしようとしてはいけません。
それよりもよいのは、「物理的に不可能」にする方法です。

ゲームばかりしてしまうのなら、いっそのことゲーム機をリサイクルショップに売ってしまいましょう。ゲーム機がなくなれば、ゲームはできません。

悪い習慣を改めるのは大変ですが、そういう習慣を続けたくても、続けられないように封じ込めてしまうのが一番のやり方です。

指しゃぶりをやめさせるには

赤ちゃんは、親指を自分の口に持っていき、しゃぶっていることがよくあります。

この行動は、赤ちゃんによく見られることですので、あまり心配はいりません。たいていの場合、親が何かしようとしなくても、赤ちゃんが2歳から3歳くらいになると、自然と指しゃぶりをしなくなります。

ところが、大人になってからも指をしゃぶるという習慣が治らない人もいます。あるいは似たようなバージョンで、爪を噛むという習慣が治らない人もいます。

こういう人たちにも、先ほど紹介した「ミトン法」は有効です。

手にミトンをつけさせれば、指をしゃぶることができなくなりますので、しばらくミトンをつけてもらい、「しゃぶることができない」という新しい習慣を身につけてもらえばよいのです。

アメリカにあるサウスダコタ州立大学のシェリー・エリングソンは、指しゃぶりの習慣がある7歳の女の子サリーと10歳の男の子アッシュに、指しゃぶりをしてしまう手のほうにしばらくミトンをつけてもらいました。すると、どちらも指しゃぶりをなくすことができたのです。

一人で部屋にいるところをビデオに録画させてもらい、その録画を分析したところ、ミトンをつける前のサリーは51・8％の時間、指をしゃぶっておりましたが、ミトンをつけてからは0・6％にまで減りました。

アッシュのほうはというと、一人でいるときには74・2％の時間、指をしゃぶっていたのに、それを1・6％にまで減らすことができたのです。どちらもほぼゼロのようなものですから、ミトン法は大成功だったといえるでしょう。

自分の赤ちゃんがずっと指しゃぶりをしていると、親としては不安になるかもしれません。そんなに心配しすぎることもないとは思うのですが、悪い習慣であることはたしかですから、もし指しゃぶりをやめさせたいのなら、ミトン法を試してください。「指しゃぶりをしちゃダメ！」と怒るよりもはるかに効果的だと思います。

くり返しになりますが、悪い習慣をやめさせるときには、意志力ではうまくいきません。意志力でどうにもならないのが、習慣というものなのです。

悪い習慣を改めるには、悪い習慣が出そうになっても、できないようにするのがポイントです。

悪い習慣が出そうになったら、手をぎゅっと握る

「皮膚むしり症」という精神障害があります。

皮膚を掻《か》きむしって、血がにじむほど傷をつけてしまうのです。

アメリカにあるウィスコンシン大学のエレン・テンは、18歳以上で4週間、毎日最低5回は皮膚を掻きむしってしまう人を集めました。

すると、皮膚むしり症の19名の女性が実験参加を了承してくれました。テンは19名の女性を2つのグループにわけ、片方のグループには、「もし皮膚を掻きむしりたくなったら、1分間、ぎゅっと手を握ってください」という指示を出しました。

残りの半分のグループには、特に何かをしてもらうということはありません。比較のためのコントロール条件です。

実験前、実験後、そして3か月後のフォローアップの時点での皮膚を掻きむしる頻度は

■図⑦　1週間での皮膚むしりの頻度

	実験前	実験後	3か月後
1分間手を握る	27.63回	6.2回	6.2回
何もしない	17.99回	15.13回	13.1回

（出典：Teng, E. J., et al.,2006より）

上の図⑦ようになりました。皮膚を掻きむしりそうになったとき、あるいはそれをしていることに気づいたとき、すぐに1分間ぎゅっと手を握らせるようにすると、掻きむしる回数が相当に減らせることがわかりました。

また、テンは、皮膚の患部についても写真を撮っておいたのですが、患部のひどさを別の判定員に3点満点で評価してもらったところ、1分間手を握る条件では1・62、コントロール条件のほうは2・15という結果になりました。

1分間手を握るようにすると、皮膚を掻きむしってしまっても、赤くただれるほどには掻きむしらなくなる、ということも明らかにされたといえます。

だいたい悪い習慣というものは、自分でも知らないうちに起きてしまうものです。

けれども、「あっ、また悪い習慣が出ちゃった！」という

ことに気づいたら、すぐに1分間、何か別の行動をしてみるとよいでしょう。もっとも簡単にできるのが、手を握るという行動です。

あまりにも爪を噛みすぎて、爪がなくなってしまうほどに噛んでしまう人もおりますが、こういう自傷行為の習慣をなくすときにも、「手を握る」という方法は活用できます。

ヒマなときに、「ペン回し」をしてしまう人もおりますが、あまり良い習慣とも思えませんので、そういう習慣を改めるときにも役に立ちそうです。

感情によって、起きやすい習慣は異なる

普段、どんな感情を抱きやすいのかによって、起きやすい習慣は異なります。

たとえば、不安を感じやすい人は、髪の毛を触ったり、アゴをなでたりするような習慣がつきやすいでしょう。

退屈しやすい人は、貧乏ゆすりをしたり、ペン回しをしたり、という習慣がつきやすいと考えられます。

アメリカにあるノースダコタ大学のダグラス・ウッズは、どんな感情を持つかによって、人の行動が変わってくることを実験的に確認しました。不安を感じてもらうグループには、ある記事を読んでもらい、次にその記事の内容について10分間のプレゼンテーションをしてもらいました。

人前で話すのは、だれにとっても不安を感じることです。不安を実験的に高めるために、プレゼンテーションをさせたわけです。

退屈を感じてもらうグループには、座って何もせずに10分間耐えてもらいました。何もしないことで退屈させたのです。

比較のためのコントロール条件では、ごく普通のビデオを10分間視聴してもらいました。

なお、参加者の行動はビデオで撮影されており、どんな振る舞いをすることが多いのかを調べてみると、左の図⑧ような結果になりました。

不安な人は、どうも髪をいじったり、顔を触ったりすることが多いようです。退屈な人は、手足をくり返し動かしたり、モノに触ったりする割合が増えます。

この結果からすると、抜毛症になったり、自傷行為をしたりする習慣が身につきやすい人は、心に何かしらの不安を抱えていることが多いのではないか、と推察できます。

ボールペンを持つと、無自覚のうちにペン回しをしてしまうという習慣のある人は、おそらく飽きっぽくて、すぐに退屈してしまうタイプなのでしょう。

■図⑧　感情としぐさの関係性

	髪を触る	顔を触る	口を触る	手足のくり返し動作	モノを触る
不安な状況	4.4%	13.4%	3.2%	12.2%	14.1%
普通な状況	1.4%	6.5%	2.6%	11.3%	17.0%
退屈な状況	2.9%	9.5%	2.4%	16.5%	28.6%

（出典：Woods, D. W., & Miltenberger,R. G. 1996より）

普段、自分がどんな感情を抱きやすいのかを知っておくと、どんな習慣が身につきやすくなるのかもある程度は予想できます。

不安を感じていると、神経質そうに髪の毛をもてあそぶ習慣ができてしまいますから、できるだけ心に不安や悩みを抱え込まず、友人に悩みを打ち明けてみるなどをして、ストレス発散を心がけましょう。

そうすれば、おかしな習慣が身につかずにすみます。

自分にいろいろと質問してみる

お菓子やジャンクフードを食べることが習慣になっている人がいます。

肥満を予防するためにも、できるだけお菓子やジャンクフードは食べないように心がけたほうがよいのですが、何かいい方法はないでしょうか。

実は、いい方法があります。

その方法とは、自分の将来の行動について、いろいろと自問自答してみることです。

ドイツにあるコンスタンツ大学のアーニャ・アクトツィガーは、このやり方で大学生が食べるジャンクフードの頻度を減らせることを確認しています。

どんな自問自答をすればよいのかというと、こんな感じです。

「私は、チョコ、ピザ、フライドポテトを先週、何回くらい食べたのか？」

「翌週、それを半分にしたいと思うか？」

「それは難しいことだと思うか？」

「どれくらい半分にできる自信があるか？」

「友人や恋人や家族は自分がそうすることをどれだけ望んでいると思うか？」


自分自身にこういう質問をどんどんぶつけていくと、なぜか翌週にはあまりジャンクフードを食べずにすませることができたのです。

ただ自分に質問していくだけなのですが、それによってなぜかある行動を増やしたり、減らしたりすることができるのです。

好ましい習慣を身につけたいのであれば、自分自身に、その習慣に関係するたくさんの質問をぶつけてみてください。そうすれば、比較的たやすくその習慣を身につけることができるようになるでしょう。

アクトツィガーによりますと、質問に答えることによって、「実行意図」（その行動を実行したいと思う気持ち）が自然に高まるということです。

そういえば、別の研究なのですが、「あなたは選挙に行きますか？」という質問に答えてもらうだけで、その人が投票に出かける可能性が高まった、という報告もあります。

自分自身にいろいろ質問をぶつけるのは良いことです。

トイレに行ったときの手洗いをする習慣ですとか、毎日決まった時間に読書をする習慣ですとか、好ましい習慣を身につけたいのであれば、まずはその習慣について、どんどん自分に質問してみてください。

古い習慣に戻ってしまうときとは？

新しい習慣を身につけようとしても、古い習慣に戻ってしまうことがあります。この現象は「習慣スリップ」と呼ばれています。

たとえば、新しい商品を購入してみたのはいいものの、「やっぱり、古いヤツのほうがいいや」ということで、新しい商品をまったく使わずに放っておくことがあると思いますが、これが習慣スリップです。

アメリカにある南カリフォルニア大学のジェニファー・ラブレックは、過去半年以内に料理用ミキサーや、ＤＶＤプレーヤー、ピクニックバッグなどを購入した１５０名を対象に、新しく購入したものをきちんと使っているのか、もし使わなくなったとしたら、それはどうしてかを尋ねてみました。

その結果、使わなくなった人にその理由を挙げてもらうと、「使いにくい」が18％、「使い方がよくわからない」と答えた人が9％ということがわかりました。

私にもこの結果には身に覚えがあります。

私は、パソコンの機能やソフトに関して、無料のバージョンアップでさえ「拒否」することが少なくありません。

なぜかというと、新しくバージョンアップされると、使いにくいと感じてしまうからです。たいていのバージョンアップでは、いろいろな機能がどんどん追加されていくのですが、どうせ私は新しい機能など使いません。

それに私が使いたい肝心の機能がどこにあるのかよくわからなくなってしまったりします。そういうことが面倒なので、古いバージョンのままにしておくわけです。習慣スリップすることが見えているのです。

家電製品にも似たようなところがあります。

昔の洗濯機は、「すすぎ」と「脱水」の2つのボタンしかありませんでした。

ところが、最新の洗濯機には、ものすごくたくさんのボタンがついていて、説明書を見ながらでなければとても使いこなせないようなものばかりです。

そのため、私は洗濯機を買い替えるときに、あえて型落ちした古い洗濯機を購入しました。読者のみなさんには、そういう経験はないでしょうか。

なお、ラブレックの調査によりますと、古い習慣に戻ってしまう人は25％もいるそうです。４人に1人と考えると、これはかなりの高確率です。

新しい習慣を身につけるのは、とても難しいのです。

多くの人は、古い習慣に舞い戻ってしまうものですが、かりに古い習慣に戻ってしまっても、それはしかたがないのかもしれません。

習慣スリップは、ごく普通に起きる現象のようですので、新しい習慣が身につかないからといって、自分を責めたりする必要はないといえるでしょう。

まずいものでも習慣で食べてしまう

映画館では、ポップコーンが売られていることが多いのですが、映画を観るとき、習慣的にポップコーンを食べるという人は、どんなにまずいポップコーンでもかまわずに食べてしまうことがわかっています。

アメリカにある南カリフォルニア大学のデビッド・ニールは、映画を観ながらポップコーンを食べるという習慣のある98名と、そうでない60名の人に映画を評価するという実験に参加してもらいました。

映画を観せる前には、最後に食事をした時間を聞き、今どれくらいお腹が空いているのかも聞きました。

映画を観るときには、参加者一人一人にペットボトルの水とポップコーンを手渡すのですが、実はポップコーンは2種類用意されていました。

ひとつは作ったばかりのおいしいポップコーンです。

もうひとつは、7日前に作ったポップコーンです。7日前のポップコーンなど、湿気てしまってとても食べられたものではありません。

さて、映画を観てもらった後で、残ったポップコーンをすべて回収し、どれくらい食べたのかを調べてみると面白いことがわかりました。

習慣的に映画館でポップコーンを食べる人は、お腹が空いているかどうか、そのポップコーンがおいしいかどうかにかかわらず、同じ量のポップコーンを食べていたのです。

お腹がいっぱいであろうが、たとえどんなにまずかろうが、関係がないみたいです。

7日前のポップコーンは、とても食べられたものではないと思いますし、いつも映画館でポップコーンを食べている人は、「まずい」という違和感を覚えたかもしれませんが、それよりもやはり習慣が勝ってしまったのです。


食事も習慣です。お腹が空いていなくても、毎日、同じような時間におやつを食べたり、食事をしてしまうのです。

毎日、決まった時間におやつを食べている人は、お腹が空いているかどうかにかかわらず、やはり同じ時間におやつを食べてしまいます。
あるいは、夜に食事をする習慣がある人は、やはり夜になると何かを口に入れようとしてしまいます。
ダイエットにも、健康を維持するためにも、自分の食習慣を見直してみることは大切なことでしょう。

食事というものは、お腹が空いたときに、きちんと栄養を考えながら摂ったほうがいいに決まっていますので、「習慣で食べる」ということはあまりしないほうがいいのです。

「習慣で食べる」とどうしても食べすぎてしまうので、どんどんと肥満になってしまいます。

お医者さんは、不要な薬まで処方する

お医者さんは、一人一人の患者をしっかり診断して、必要な薬を処方しなければなりません。薬は、毒にもなり得ます。

ところが、**習慣というものは怖いもので、お医者さんは、あまり深く考えずに習慣的に薬を処方することがあるのです（もちろん、いつもではないでしょうが）**。

風邪など、軽い病気のときは、なおさらです。難しい病気に対しては、お医者さんは診断も処方も慎重になるのでしょうけれども、「風邪なら……」と気が緩んでしまうのかもしれません。

ベルギーにあるゲント大学のアン・デ・サターは、鼻水、鼻づまり、せきといった症状を訴える722名の患者に、お医者さんが本来は必要のない抗菌薬を処方するかどうかを調べてみました。

その結果、風邪をひいている患者にいつでも抗菌薬を処方しているお医者さんは、あまり考えずに薬を処方してしまうことが判明しました。

風邪は、ウイルスが鼻やのどにくっついて炎症を起こし、のどの痛みや発熱があることを言います。風邪の原因は「ウイルス」なのです。風邪の原因はウイルスというところがポイントで、風邪の原因は細菌ではありません。

ですので、抗菌薬など本来はいらないのです。風邪を治すのは、私たち自身の免疫力なのであって、薬ではありません。

お医者さんは、当然、そんなことは知っていると思うのですが、そうはいっても患者が薬をほしがっているということもありますし、解熱剤などと一緒に、ついでのように抗菌薬を処方してしまうのでしょう。

お医者さんも人の子ですから、習慣の影響を受けます。

「風邪をひいている人には、このお薬」ということが習慣になったお医者さんは、あまり深く考えず抗菌薬も処方してしまいます。患者にとっては副作用も怖いですし、医療費もかさみますので、不要な薬は処方しないほうがよいのですが、そうはいっても習慣的にやってしまうのでしょう。

私たちの身体には、だれにでも病気と戦う免疫力が自然に備わっておりますので、風邪などの軽い病気は、薬などもらわなくても治すことができます。

もちろん、症状がひどいときには病院に行って薬をもらったほうがいいケースもありますが、しばらく安静にして放っておけば自然に治癒されることも覚えておくといいでしょう。不要な薬を飲まされることもなくなります。

チャレンジするのには「春」がいい

どうにも気分が乗らないことがあります。これは、だれにでも起きます。

一年中、ずっと気分が高揚している、ということはありません。私たちの気分というものは、上がったり、下がったりするのが普通なのです。

24時間の時間軸でいうと、午前中にはテンションが上がり、午後にはテンションが下がります。もっと大きな時間軸で見ると、季節によっても気分の増減が見られます。

カナダにあるヨーク大学のキャロリン・デイビスによると、多くの人は春や夏には気分が盛り上がり、秋や冬には抑うつなどを感じやすくなるそうです。

読者のみなさんは、「冬季うつ」という言葉を聞いたことがあるでしょうか。

秋から冬にかけて、気分が落ち込んでしまう感情障害なのですが、だれでも冬場にはあまりテンションが上がりません。

そういう季節的な変動を考えると、習慣を身につけるのに都合がいい季節は、春ということになります。

春にはだれでも気分がウキウキしますので、新しいことを始めるのにまことに都合がいい季節だといえるでしょう。せっかくチャレンジするのなら、春に始めましょう、そのほうがうまくいく見込みも高くなります。

秋や冬は、だれでも気分が滅入りやすくなるので、こんなときにはあまり新しいチャレンジはしないほうがよさそうです。面倒くさいとか、億劫《おっくう》だと感じやすい季節ですから、途中で投げ出してしまうかもしれません。

体調がよくないときには、新しいことはやらないほうがいいです。

勉強でいうと、気分がよくないとか、体調がすぐれないと感じるのなら、予習でなく、復習をするといいです。

いったん覚えたことを復習するだけなら、あまり気分の影響を受けません。

逆に、新しいことを覚えようとしても、気分がよくないときにはあまり覚えられずに落ち込んでしまいます。気分や体調がよくないときには新しいことを覚えようというモチベーションも上がりません。

秋や冬には、仕事量も少し減らせるようなら減らしてください。

春や夏にたくさん頑張って貯金を作っておき、秋や冬は少しのんびりするのがポイントです。

童話の『アリとキリギリス』のように、働きやすい春に頑張って、頑張りたくない冬場には、少しペースを抑えても大丈夫なようにしておくとよいです。

とにかく最初は毎日やるようにする

新しい習慣を身につけたいなら、最初は毎日のように習慣化したい行動をしなければなりません。

やったり、やらなかったり、というやり方では、いつまでも習慣化しません。

最初は連続してやらないとダメなのです。

イギリスにあるロンドン大学のフィリップ・ラリーは、96名の大学生にお願いして、ランチのときに野菜と果物を必ずひとつは食べるとか、朝起きたらコップ一杯の水を飲むといった、自分がこれまでやったことのない行動をひとつ決めてもらい、新しい習慣になるまで毎日記録をとってもらいました。

95%の確率で、その行動をするようになったら、きちんと習慣化されたものと判断したのですが、いったいどれくらいの日数で習慣化されたのかを調べてみると、ものすごく大きな幅があることがわかりました。

ラリーが調べたところ、新しい習慣が身についたと見なせる日数は、18日から254日までとかなりの幅があったのです。

では、どういう人が短期間で新しい習慣が身につけることができたのでしょうか。ラリーによると、それは連続して取り組んだ人でした。

毎日取り組んでいる人は、20日ほどで習慣化できたのですが、週に1回か2回しかやらないような人は、日数ばかりかかって、なかなか習慣化されなかったのです。

というわけで、新しい習慣を作りたいと思うのであれば、とにかく最初のうちは連続してやるようにしなければなりません。


毎日やるためのコツは、とにかく最初はハードルを低くしておくことです。

あまり高いハードルを設定してしまうと、面倒くさくなって、やったり、やらなかったりするからです。

子どもに勉強の習慣を身につけてもらいたいのなら、いきなり何時間も勉強させようとするのではなく、薄っぺらの計算ドリルの問題集を1日1ページやればよい、という軽いところから始めましょう。そのほうが勉強の習慣は早く身につきます。

新しい習慣を身につけたいと思う人は、最初はものすごくはりきっているので、ついついやりすぎてしまう傾向があるのですが、最初はむしろ非常に軽いところからスタートしたほうがいいと思います。

ジョギングでいうと、毎日10キロも走ろうとするのではなく、最初は町内を軽く一周してくるだけのほうがいいかもしれません。

軽いトレーニングなら、毎日やるのもそんなに苦になりません。

好かれる習慣を続けていると好かれる

だれからも、不思議なくらい好かれる人がいます。
どうしてそういう人は好かれるのでしょう。

理由は単純です。
好かれる人が、みんなに好かれるのは、好かれる習慣を持っているからです。

本人は何か特別なことをしているとは思っていないかもしれませんが、何の努力もしていないわけではありません。

たとえば、身だしなみです。髪の毛がボサボサで、きちんとしていない人は、不潔な印象を与えます。そういう人が好かれるということは、まず考えられません。好かれる人は、

「髪の毛の手入れを怠らない」という習慣が身についているのです。

イギリスにあるグラスゴー・カレドニアン大学のヴィンセント・イーガンは、ヘア・ビューティ・サロンに通っているお客さまの女性103名について調べてみたのですが、魅力的な人ほど、好かれる努力をしていることを突き止めました。何もしていないどころか、人よりも努力していたのです。

エステに通うお客さまはどういう人たちでしょうか。

どこのエステのお店でもいいので、しばらくお店の前に立って、どんなお客さまが入っていくのかを確認してみましょう。

「えっ、こんなにきれいな人は、エステに通う必要なんてないんじゃない!?」という人ばかりが入っていくことがわかると思います。

実はエステに通う必要がある人はエステに通いません。逆に、エステに通うという習慣があるお客さまは、エステの必要がないくらい魅力的な人ばかりです。

食習慣もそうです。好かれる人は、好かれるような食習慣を続けています。

ジャンクフードなどは絶対に口にしませんし、高カロリーのものは基本的に避けます。そういうことを無意識のうちにやっているので、ぶくぶく太ったりもせず、魅力的な体型を維持できるのです。

「どうして、私は人に好かれないんだろう？」
「どうして、僕はこんなに嫌われるのだろう？」
もしそんな風に思うのであれば、まずは自分の習慣を見つめなおしてください。好かれるような習慣を持っていないのなら、好かれないのも当たり前です。好かれる人は、好かれる習慣を続けているから好かれるのだという、至極《しごく》当然のことを理解する必要があります。

逆に言うと、もし好かれる習慣を自分でも身につけることができれば、今よりもずっと魅力的になり、人に好かれることは難しくありません。

好かれる人がやっている習慣を真似すれば、だれでも好かれる人に生まれ変わることができます。

コラム

良い先生を見つける

「先生が嫌いだから学校の成績が悪い」ということは、ありえます。

私たちは、自分が嫌いな人からは教えを受けたくありませんし、やる気も出ません。学校の勉強もそうですし、何か習い事をしようというときも、習慣化されるかどうかは先生次第、というところがあるのです。運よく良い先生を見つけることができれば、たやすく習慣化できますが、イヤな先生についてしまうと習慣化は難しいでしょう。

フランスにあるジョセフ・フーリエ大学のレミー・レイデルは、72名の高校生にゴールボールという競技を学んでもらいました。

ゴールボールというのは、主に視覚障害者がするスポーツで、鈴の入ったボールを転がし、ゴールに入れることで得点になるという競技です。高校生たちには、目隠しをしながら、このゴールボールを学んでもらいました。

ただし、ゴールボールを教える体育教師を実験的に操作しました。あるクラスでは体育教師はとても熱心に教え、別のクラスで教えるときにはやる気のない態度で指導を行ったのです。それから自由時間に生徒たちがどれだけゴールボールをやるのかを測定したところ、熱心な体育教師に教えてもらったクラスの生徒たちのほうが、長い時間、ゴールボールをやろうとすることがわかりました。

私たちは、熱心な先生に教えてもらうと、その熱心さが感染するのか、たくさん努力しようとするのです。

「良い先生に出会う」ということは、ものすごく大切なことです。

私は高校時代、英語の勉強ばかりしていましたが、その理由は、当時の先生がものすごく良い先生で、教え方も上手でしたし、英語がどれだけ面白いのかも教えてくれたからです。これは私にとってとてもラッキーなことでした。

他の受験科目はそっちのけで、とにかく英語の勉強ばかりしていたのは、その先生を好きだったからです。

まずは良い先生を探してください。

「この人なら、私は安心してついていけそう」と直観的に感じられる先生がいいでしょう。

「何となく肌が合わなそう」「何となく生理的にムシが好かない」と感じてしまうのであれば、残念ながらその先生の指導を受けても、習慣化はできそうもありません。


仕事のスキルも同じです。素敵な上司や先輩に巡り合うことができれば、みるみる仕事力はついてきますが、残念な上司や先輩の指導を受けると、いつまで経っても、なかなか仕事を覚えることはできないのです。

CHAPTER

第6章

知っておきたい習慣の知識

実際のところ、習慣は何割?

私たちの日常生活はどれくらいの割合が習慣によるものなのでしょうか。

巻頭でも述べたように、アメリカ心理学の祖ウィリアム・ジェームズは、「習慣がほぼ10割」と考えていたようですが、実際のところはどうなのでしょう。

それを調べるためにアメリカのテキサスA&M大学のウェンディ・ウッドは、193名の大学生に1時間ごとに音の鳴る腕時計をつけてもらい、起きてから就寝するまでの記録をとってもらいました。その結果、習慣化していると見なせる行動の割合は、だいたい左の図⑨のようになりました。

さすがに「習慣がほぼ10割」というわけではないようです。

一番習慣化していると見なせる行動は、歯みがき、お化粧、髪のセットなどの身支度に

■図⑨　私たちが習慣化している主な行動

習慣化していること	割合
衛生・身支度の時間	88%
起床と睡眠の準備や時間	81%
人付き合いの時間	47%
運動の時間	44%
掃除の時間（洗濯、洗い物など）	21%

かかわる行動です。

そういう行動については、約9割が習慣だと考えてよさそうです。

毎日、どんな服を着て、どんな感じで髪型を整えるのかは、ほぼ習慣で決まっているのです。

あまり習慣化していないのは、掃除です。

毎日、決められたように自宅の掃除をする人もいるかもしれませんが、たいていの人は、毎日はやりません。汚れが目立ってきたところで、「そろそろ掃除をしなきゃいけないな」と考えて、重い腰を上げるのでしょう。

結局のところ、**すべての行動でいえば、だいたい日常生活でやっていることの半分くらいは習慣だと考えてよさそうでしょう。**

「習慣が5割」というのも、かなりの割合だと思います。たいていの人にとって、日常生活はほぼ単調な毎日がくり返されます。

「毎日、決まりきった感じでつまらない」と思うかもしれませんが、日常生活というのは、そういうものです。

習慣化されているからこそ、「今日はどうしよう？」などといちいち迷ったり、考えたりすることがないのです。


習慣化されていなかったら、何をするにしても、いちいち立ち止まって考えなければならず、それはそれで非常に煩わしいことでしょう。

新しい習慣を身につける成功率は25%

新しい習慣を身につけようというとき、成功率はだいたいどれくらいなのでしょうか。どんな行動を習慣化するのかにもよりますが、だいたい4人中1人くらいのようです。

アメリカにあるノースダコタ大学のケビン・マッコールは、40名の女子大学生に実験参加をお願いして、食事の後に、歯間を清潔にするために糸ようじを使うという行動を習慣化させてみました。

すると最初の1週間では87%が素直に言うことを聞いてくれたのですが、2か月後に追跡調査してみると、わずか23%だけ。習慣を身につけることができたのは約25%、だいたい4人に1人だったのです。逆に言うと、4名中3名は習慣を身につける試みをやめてしまったということになります。

もうひとつ別の研究もご紹介しましょう。

1988年、オーストラリアでは、日焼けは有害だとして「サンスマート・ヘルス・プロモーション・キャンペーン」という運動を始めました。

オーストラリア・がん行動研究センターのD・ヒルは、その後の3年間で、のべ4428名に電話をかけ、「前の週にどれくらい日焼け予防をしましたか?」と尋ねてみました。

すると「帽子をかぶった」という人は、3年間で19%、26%、29%と3年連続で増えました。「日焼け止めを使った」という人も、12%、18%、21%と増えました。

たしかに、数値だけでいえば3年連続で増えたとはいえ、数値は微増にとどまっておりますし、やはり「日焼けしない」という行動を習慣化できたのは、4人中1人くらいになりました。


新しい行動を習慣化するのは、けっこう難しいのです。

新型コロナウイルスがパンデミックを引き起こしたとき、日本人は、マスク着用、手洗い、密の回避など、すぐに新しい行動習慣を身につけたではないか、と思う人がいるかもしれません。

たしかに、新型コロナウイルスが蔓延したときには、ほぼ100%の人がマスク着用の習慣を身につけました。

けれども、これはかなり例外的な出来事だといえるでしょう。新型コロナウイルスという感染症が、治療法もよくわからない未知の病気でしたから、不安と恐怖によってマスク着用をしたのです。自分の生命が脅かされるような事態だったので、マスク着用を習慣化したのであって、これはかなり特殊なケースだと言えます。


新しい行動を習慣化するのは、やはりかなり難しいことであって、その成功率は25%くらいです。

よほどの理由がないと、私たちは新しい習慣を身につけられません。なかなか一筋縄ではいかない、ということもあらかじめ知っておく必要があります。

運動が必要な人ほど、運動不足

皇居の周りには、お堀や緑がたくさんあるので、ジョギングコースとして最適です。そのためでしょうか、皇居の周りをジョギングしている人はたくさんおります。

皇居の周囲をジョギングしている人に限らず、公園でも、街中でもかまわないのですが、走っている人の姿を見かけると、ひとつ面白い発見をするでしょう。

走っている人たちは、みんなとてもスリムで、「あなたはジョギングする必要なんてないですよね？」と思わず聞いてしまいたくなるような人たちばかりなのです。

健康の維持という点からすれば、本来、ジョギングしなければならないのは肥満の人です。にもかかわらず、肥満者がジョギングしているという姿はまずお目にかかれません。

ジョギングをしているのは、みんなスリムな人たちです。

皮肉なことですが、ジョギングをする必要のない人がジョギングをし、ジョギングをする必要のある人はジョギングをしません。

カナダにあるヴィクトリア大学のメーガン・カークは、いろいろな職業の、いろいろな地位の人についての運動習慣について調べたところ、地位が高い人ほど運動をする習慣があることを突き止めました。

またブルーカラーに比べて、ホワイトカラーの人のほうが、レジャーとして運動することが多いこともわかりました。

ちなみに、肥満のなりやすさと、地位の高さには関係があります。地位が低い人ほど、ストレスを感じることも多くなりますし、食生活も乱れていることが多いので、肥満になりやすいのです。

ですので、地位が低い人のほうが、本当は運動をしなければならないのです。

ところが、現実には、地位の高い人のほうがしっかりと運動をしています。スポーツジムに通っている人もそうです。

スポーツジムに通うべき人は、本来、肥満者ですとか、運動不足の人たちなのでしょうけれども、実際に通っている会員の多くは、すでに健康的ですし、ジムに通う必要があまりなさそうな人たちです。

運動をするということは好ましい習慣ですので、職業や地位にかかわらず、だれでも運動をしたほうがよいでしょう。

「仕事が忙しい」とか「家事が忙しい」などと、いろいろな理由はあるとは思うのですが、もし運動不足だなという自覚があるのなら、今日からでも、ちょっとだけ運動をしてみることをおススメします。

身体を動かすというのは、とても気持ちがいいですし、ストレス発散にもなりますので、ぜひ運動習慣を身につけたいものです。

クリエイティブな人ほど、習慣を身につけるのは難しい？

習慣を身につけるときには、個人差があります。

あるタイプの人は、すぐに習慣が身につくのに、別の人は習慣を身につけるのにずいぶん時間がかかったりするのです。


ペットを飼っている人ならわかると思いますが、お手や、おすわり、待て、などの芸をすぐに覚えてしまう犬もいれば、なかなか覚えてくれない犬もいます。

そういう個人差は、当然ながら人間にもあるのです。


いろいろな個人差の中でも、面白いのはクリエイティブな人かどうかです。

クリエイティブな人は、なぜか新しい習慣を身につけるのが苦手です。

アメリカのメーン大学のコリン・マーチンデールでは、大学生に「創造性テスト」を受けてもらい、創造的かどうかを測定しました。

創造性テストというのは、たとえば、「新聞紙のユニークな利用法を、できるだけたくさん考えてください」とお願いし、ユニークな回答かどうかを判定していくテストです。心理学の研究では、わりとよく使われます。

それから60デシベルの破裂音をヘッドフォンで聞かせて、刺激に慣れるまでの時間を計測しました。刺激にすぐ慣れる人ほど、習慣化も早い傾向があるのですが、創造性テストで高得点の人は、うるさい音の刺激に慣れるまでにずいぶんと長い時間がかかりました。

つまり、クリエイティブな人ほど、習慣を身につけるのが苦手であることがわかったのです。

小説家の中には、いつまで経ってもパソコンの操作を覚えられず、手書きで原稿を書いたりする人が多いという話を聞きますが、心理学的にいうと、「そういうこともあるだろうな」と納得できる傾向です。画家や彫刻家でも、新しいテクノロジーを覚えるのが苦手、という人は少なくありません。

クリエイティブな人たちは、クリエイティブでない人に比べると、新しい習慣を身につけるのに苦労するのです。

クリエイティブな仕事をしている人は、何となく華やかなイメージがありますし、羨ましいと思うこともありますが、そういう人には、「新しいことをなかなか覚えられない」という困った傾向があることも知っておくと、少しだけ溜飲《りゅういん》が下がる気持ちになります。

もしクリエイティブな分野で働いている人に出会ったら、「ひょっとして、新しいテクノロジーを覚えるのが苦手なんじゃありませんか？」とさりげなく聞いてみてください。「そうなんですよ、スマホでなく、未だにガラケーを使っているんですよ、アハハ」といった答えが返ってくるかもしれません。

女性はスマホ中毒になりやすい

スマホ中毒については、面白い男女差があります。
圧倒的に「女性」のほうが、スマホ中毒になりやすいのです。

オランダにあるトゥウェンテ大学のアレクサンダー・ヴァン・デュールセンは、インターネットで募集した386名（平均35・2歳）についての調査から、スマホを使う理由にはいろいろありますが、「人間関係の維持」「人とのつながりを円満にする」など、人間関係の目的の場合ほど、より早くスマホ中毒になることを突き止めました。

そして、**女性はそういう人間関係が目的でスマホを使うことが多いので、男性よりもスマホ中毒になりやすいことも重ねて明らかにされたのです。**

ちなみに、ヴァン・デュールセンによりますと、**男性は「暇つぶし」という理由でスマホを使うことが多いので、女性に比べればスマホ中毒になるまでに少し長く時間がかかる**

そうです。

男性の読者には、女性の心理がいまいちわかりにくいと思うのですが、女性は、たとえば友だちから送られてきたメッセージには、できるだけすぐにメッセージを返さなければならないというプレッシャーを感じやすいのです。

もし返信が遅れたり、既読をつけなかったりすると、自分の悪口を言われたり、仲間外れにされてしまうかもしれない、と女性は不安になります。

そういう不安があるので、しょっちゅうスマホを確認することになり、これがスマホ中毒へとつながるのです。

女性の中には、眠るときにも、だれかからメッセージがあった場合に、すぐに返答できるよう、枕元にスマホを置いておく人も多いと思うのですが、そういう症状が見られることと自体が、立派なスマホ中毒の証拠です。

女性は、男性に比べて、人間関係をとても重視します。

「仲間外れにされたくない」「嫌われたくない」という気持ちが強いので、本当はスマホチェックなどしたくないのに、なかなかやめるわけにはいかないという、とても苦しい状況にあるといえるでしょう。

とはいえ、スマホ中毒のような悪い習慣はなるべく断ち切ったほうがいいので、タイミングを見計らって、「今後は一日に何回かしか確認できないので、返信が遅れて気を悪くさせたら、ごめんね」ということをみんなに伝えておくとよいのではないでしょうか。

あらかじめ断っておけば、お互いの関係が悪くなることも、そんなにないのではないかと思われます。

やりとりを減らしてしばらくすれば、周囲の人たちも、慣れてくれます。思いきってやりとりを相当に減らしても、そのうち慣れてくれるでしょうから、そんなに心配しすぎないようにするのもポイントです。

第6章

知っておきたい習慣の知識

良い習慣が、悪い習慣に変わることもある

仕事のメールチェックは、本来は良い習慣です。

届いたメールにすぐに返信してあげれば、メールの送り手にも喜ばれます。メールが届いているのに、何日も放っておくような人は、だいたい仕事ができません。なかなかメールの返信をしてくれない人とお付き合いしたいと思う人は、そうそういません。

メールチェックはもともと良い習慣だと言えるわけですが、その頻度も大切です。

あまりにもメールチェックの頻度が多くなると、今度は、仕事が手につかない、人付き合いの時間もとれなくなる、家族そろっての夕食ができなくなる、など「悪い習慣」に変わってしまうので注意が必要だと、アメリカにあるアーカンソー大学のアミール・ソー

ラーは警告しています。自分に届いたメールは、すぐに返信するのがマナーではあるものの、やりすぎはいけません。

私の場合ですと、メールチェックは、午前中と夕方に1回ずつくらいです。

仕事などによっては、頻繁に確認する必要があるかもしれませんが、私の場合はこれでもまったく問題ありません。

読者のみなさんも、自分がどれくらいメールチェックをしているのかをまずはきちんと調べてみるとよいでしょう。

あまりにも頻繁に確認しているようなら、ひょっとすると「悪い習慣」になってしまっているかもしれません。

SNSもそうです。スマホをたえずチェックしている人がいますが、明らかに「悪い習慣」であることに自分で気づく必要があるでしょう。

特に最近の人たちは、病的といえるほどにスマホを見ている人がいるので、それが自分の生活を、ひいては人生の大切な時間を圧迫していることに気づかなければなりません。

スマホチェックのやりすぎは、明らかに「悪い習慣」ですので、できるだけ改めたほうがよいと思います。メールやスマホチェックを無自覚にやってしまう人は、「なるべくチェックしないですむ」ようにしておくのが一番の方法です。

たとえメールが届いても、通知や音が出ないような設定にしておけば、チェックしようという気持ちがあまり起きません。

また、スマホなどは、すぐに手を伸ばせる場所に置くのではなく、ロッカーにしまっておくとか、カバンにしまっておくなど、「触りたくても触れない」という状態にしておくのがいいでしょう。

少し難しいかもしれませんが、図書館に勉強に出かけるときには、スマホは自宅に置いておき、そもそも持って出かけないようにすれば、スマホチェックもできませんし、勉強に集中することができます。

習慣形成が妨害されることも念頭に置いておく

新年や誕生日を迎えると、人は何らかの目標を立てることが少なくありません。

「今年は、絶対に〇〇するぞ！」と意気込んで目標を立てるのです。

「今年は10キロ痩せる！」

「今年は婚活を頑張る！」

などと、人によってその内容は違いますが、とにかく何らかの目標を掲げるのです。


では、その目標は達成できるのでしょうか。


残念なことに、ほとんどの人は挫折してしまうのではないかと思われます。

ただし、それは本人の意志力が弱いからではありません。そもそも目標の立て方が悪いのです。目標の立て方がまずければ、挫折してしまうのも当然です。

カナダにあるマギル大学のリチャード・コーストナーは、**目標を達成するためには、何らかの妨害が起きたときに、どう対処するのかを決めておくことが絶対的に重要だと指摘しています。**

「もし○○のような妨害があったときには、△△する」という対処を決めておかないから、妨害があったときに、「もう、や〜めた」と簡単に諦めてしまうのです。

コーストナーは自分なりに目標を立てて取り組んでもらうという実験をしてみましたが、「もし妨害があったら、どうする?」ということも合わせて考えてもらうと、目標を達成しやすくなることを明らかにしています。

たとえば、毎日5キロのジョギングをする習慣を身につけたいとしましょう。

こういうときには、まず実際に行動を起こす前に、どのような妨害が起こりうるのかも予想して考えておくのです。

「雨の日には、ジョギングはできないかもしれない」とか、「残業のときには、できないかもしれない」という可能性を紙に書き出してみるのです。

そして、次に、妨害があったときにはどうするのかも決めておきます。

「雨の日にもジョギングができるように、ランニングマシンを購入しておこう」とか、「翌朝には、少し早く起きて昨日分も含めて走るようにする」などです。

妨害があったときのことも想定しておくと、途中で挫折したり、投げ出したりすることが少なくなります。

習慣を身につけるときには、とにかく習慣化するまでは一貫してやり続けなければなりません。やったり、やらなかったり、ということでは、習慣は身につかないのです。

ですから、習慣形成を妨害されたときのこともきちんと想定しておくことが大切です。きちんと妨害を予想しておいたほうが、好ましい習慣も比較的ラクに身につけることができます。

あとがき

「なるほど、こういうやり方をすれば、私の悪癖も直せそうだ」
「ふぅん、こういうやり方をすれば、良い習慣が身につけられるのか」
「あっ、この考え方は〝目からウロコ〟だ。今度、試してみよう」

本書をお読みくださり、このような感想を持っていただけたのだとしたら、著者冥利に尽きます。

私たちは、普段、自分の習慣をあまり意識していません。

いちいち意識するとしたら、それはまだ習慣とは呼べません。自分でも気がつかないうちに、自動的にやってしまうことを習慣と呼ぶのです。

自分の悪い習慣について、多くの人はほとんど意識することもないので、そのまま悪い習慣をずっと維持してしまうのです。

本書をきっかけにして、まずは自分の悪い習慣を徹底的に洗い出しましょう。そして悪い習慣に気づいたら、それを良い習慣へと変えましょう。そうすれば、みなさんはもっと素敵な人間になれるでしょうし、楽しく、愉快な人生を歩むことができるはずです。

自己改造をしたいのなら、習慣を変えるのです。

習慣を変えると、人は何度でも新しい自分に生まれ変わることができます。
そのためのマニュアルとして、ぜひ本書を利用してください。

習慣を変えるのは難しいことだとは思いますが、ぜひすべての読者に「新しい自分になれた！」という素敵な経験をしていただきたいと思っています。

何年も、何十年もかけて身につけてきた習慣を改めるのは、一筋縄ではいかないかもしれません。

けれども、簡単に諦めず、習慣を変える努力を少しずつでも継続していけば、必ず悪い習慣を変えることができます。「もう、や〜めた」という気持ちになっても、あと少しだけ頑張ってみようかな、と考えるのがポイントです。

さて、本書の執筆にあたっては、総合法令出版の酒井巧さんにお世話になりました。この場を借りてお礼を申し上げます。

本書がとても読みやすくなっているのだとしたら、それはすべて酒井さんのおかげです。いろいろとご面倒をおかけしてしまいました。

また、読者のみなさまにもお礼を申し上げます。最後の最後までお付き合いいただき、本当に感謝しております。ありがとうございました。読者のみなさまが、本書で紹介してきたテクニックの数々を実践し、人間として生まれ変わることを願って筆を置きます。

内藤誼人

- Wolff, A. M., Taylor, S. A., & McCabe, J. F. 2004 Using checklists and reminders in clinical pathways to improve hospital inpatient care. Medical Journal of Australia ,181, 428-431.
- Woods, D. W. & Miltenberger, R. G. 1996 Are persons with nervous habit nervous? A preliminary examination of habit function in a nonreferred population. Journal of Applied Behavior Analysis ,29, 259-261.
- Wood, W., Quinn, J. M., & Kashy, D. A. 2002 Habits in everyday life: Thought, emotion, and action. Journal of Personality and Social Psychology ,83, 1281-1297.

- Snoek, A., Levy, N., & Kennett, J. 2016 Strong-willed but not successful: The importance of strategic in recovery from addiction. Addictive Behaviors Reports ,4, 102-107.
- Soror, A. A., Hammer, B. I., Steelman, Z. R., Davis, F. D., & Limayem, M. M. 2015 Good habits gone bad: Explaining negative consequences associated with the use of mobile phones from a dual-systems perspective. Information System Journal ,25, 403-427.
- Suggate, S. P. 2009 School entry age and reading achievement in the 2006 programme for international student assessment(PISA). International Journal of Educational Research ,48, 151-161.
- Taylor, A., Wright, H. R., & Lack, L. 2008 Sleeping-in on the weekend delays circadian phase and increases sleepiness the following week. Sleep and Biological Rrhythms, 6, 172-179.
- Teng, E. J., Woods, D. W., & Thohig, M. P. 2006 Habit reversal as a treatment for chronic skin picking. A pilot investigation. Behavior Modification ,30, 411-422.
- Thomas, G. O., Fisher, R., Whitmarsh, L., Milfont, T. L.,& Poortinga, W. 2018 The impact of parenthood on environmental attitudes and behaviour: A longitudinal investigation of the legacy hypothesis. Population and Environment ,39, 261-276.
- Trinkaus, J. 1980 Preconditioning an audience for mental magic: An informal look. Perceptual and Motor Skills ,51, 262.
- Van Deursen, A. J. A. M., Bolle, C., Hegner, S. M., & Kommers, P. A. M. 2015 Modeling habitual and addictive smartphone behavior: The role of smartphone usage types, emotional intelligence, social stress, self-regulation, age, and gender. Computers in Human Behavior ,45, 411-420.
- Vinkers, C. D. W., Adriaanse, M. A., Kroese, F. M., & de Ridder, D. T. D. 2015 Better sorry than safe: Making a plan B reduces effectiveness of implementation intentions in healthy eating goals. Psychology & Health ,30, 821-838.
- Wing, R. R., Papandonatos, G., Fava, J. L., Gorin, A. A., Phelan, S., McCaffery, J., & Tate,
- D. F. 2008 Maintaining large weight losses: The role of behavioral and
- psychological factors. Journal of Consulting and Clinical Psychology ,76, 1015-1021.

Self-regulation of time management: Mental contrasting with implementation intentions. European Journal of Social Psychology ,45, 218-229.
- Parkes, S., Jopson, A., & Marsden, G. 2016 Understanding travel behaviour change during mega-events: Lessons from the London 2012 games. Transportation Research Part A, 92, 104-119.
- Philippen, P. B., Bakker, F. C., Oudejans, R. R. D., & Canal-Bruland, R. 2012 The effects of smiling and frowning on perceived affect and exertion while physically active. Journal of Sport Behavior ,35, 337-53.
- Phillips, L. Á., & Chapman, G. B. 2012 Enjoyment and success: Reciprocal factors in behavior change. Journal of Applied Social Psychology ,42, 990-1009.
- Prestwich, A., Conner, M. T., Lawton, R. J., Ward, J. K., Ayres., & McEachan, R. R. C. 2012 Randomized controlled trial of collaborative implementation intentions targeting working adults' physical activity. Health Psychology ,31, 486-495.
- Quick, B. L., & Stephenson, M. T. 2007 Further evidence that psychological reactance can be modeled as a combination of anger and negative cognitions. Communication Research ,34, 255-276.
- Radel, R., Sarrazin, P., Legrain, P., & Wild, T. C. 2010 Social contagion of motivation between teacher and student: Analyzing underlying processes. Journal of Educational Psychology ,102, 577-587.
- Rodin, J., & Langer, E. J. 1977 Long-term effects of a control-relevant intervention with the institutionalized aged. Journal of Personality and Social Psychology ,35, 397-402.
- Sheeran, P., Godin, G., Conner, M., & Germain, M. 2017 Paradoxical effects of experience: Past behavior both strengthens and weakens the intention-behavior relationship. Journal of Association for Consumer Research ,2, 309-318.
- Simon, C. W., & Emmons, W. H. 1955 Learning during sleep? Psychological Bulletin ,52, 328-342.
- Singh, D. 1973 Role of response habits and cognitive factors in determination of behavior of obese humans. Journal of Personality and Social Psychology ,27, 220-238.
- Smeets, E., Neff, K., Alberts, H., & Peters, M. 2014 Meeting suffering with kindness: Effects of a brief self-compassion intervention for female college students. Journal of Clinical Psychology ,70,794-807.

,20, 296-298.

- Li, X., Wei, L., & Soman, D. 2010 Sealing the emotions genie: The effects of physical enclosure on psychological closure. Psychological Science ,21, 1047-1050.
- Linder, J. A., Doctor, J. N., Ffriedberg, M. W., Nieva, H. R., Birks, C., Meeker, M., & Fox, C. R. 2014 Time of day and the decision to prescribe antibiotics. Internal Medicine ,174, 2029-2031.
- Mantzari, E., Vogt, F., Shemilt, I., Wei, Y., Higgings, J. P. T., & Marteau, T. M. 201Personal financial incentives for changing habitual health-related behaviors: A systematic review and meta-analysis. Preventive Medicine ,75, 75-85.
- Martin, S. J., Bassi, S., & Dumbar-Rees, R. 2012 Commitments, norms and custard creams – A social influence approach to reducing did not attends(DNAs). Journal of Royal Society of Medicine ,105, 101-104.
- Martindale, C., Anderson, K., Moore, K., & West, A. N. 1996 Creativity, oversensitivity and rate of habituation. Personality and Individual Differences ,20, 423-427.
- McCann, S. J. H. 2014 Happy twitter tweets are more likely in American States with lower levels of resident neuroticism. Psychological Reports ,114, 891-895.
- McCaul, K. D., Glasgow, R. E., & O'Neill, H. K. 1992 The problem of creating habits: Establishing health-protective dental behaviors. Health Psychology ,11, 101-110.
- McFall, R. M., & Marston, A. R. 1970 An experimental investigation of behavior rehearsal in assertive training. Journal of Abnormal Psychology ,76, 295-303.
- Meier, B. P., Robinson, M. D., & Clore, G. L. 2004 Why good guys wear white: Automatic inferences about stimulus valence based on brightness. Psychological Science ,15, 82-87.
- Nasco, S. A., & Marsh, K. L. 1999 Gaining control through counterfactual thinking. Personality and Social Psychology Bulletin ,25, 556-568.
- Neal, D. T., Wood, W., Wu, M., & Kurlander, D. 2011 The pull of the past When do habits persist despite conflict with motives? Personality and Social Psychology Bulletin ,37, 1428-1437.
- Nota, J. A. & Coles, M. E. 2015 Duration and timing of sleep are associated with repetitive negative thinking. Cognitive Therapy and Research ,39, 253-261.
- Oettingen, G., Kappes, H. B., Guttenberg, K. B., & Gollwitzer, P. M. 2015

correspond: Self-control depletion increases persuasion but not behavior. Journal of Experimental Social Psychology ,75, 1-10.

- James, W. 1983 Talks to teachers on psychology and to students on some of life's
- ideals. Cambridge, MA: Harvard University Press.
- Jackson, R. C. & Baker, J. S. 2001 Routines, rituals, and rugby: Case study of a World class goal kicker. The Sport Psychologist ,15, 48-65.
- Ji, M. F., & Wood, W. 2007 Purchase and consumption habits: Not necessarily what you intend. Journal of Consumer Psychology ,17, 261-276.
- Kaushal, N., & Rhodes, R. E. 2015 Exercise habit formation in new gym members: A longitudinal study. Journal of Behavioral Medicine, 38, 652-663.
- Kirk, M. A. & Rhodes, R. E. 2011 Occupation correlates of adults' participation in leisure-time physical activity. American Journal of Preventive Medicine ,40, 476-485.
- Koestner, R., Horberg, E. J., Gaudreau, P., Powers, T., Dio, P. D., Bryan, C., Jochum, R., & Salter, N. 2006 Bolstering implementation plans for the long haul: The benefits of simultaneously boosting self-concordance or self-efficacy. Personality and Social Psychology Bulletin ,32, 1547-1558.
- Kushlev, K. & Dunn, E. W. 2015 Checking email less frequently reduces stress. Computers in Human Behavior ,43, 220-228.
- Labrecque, J. S., Wood, W., Neal, D. T., & Harrington, N. 2017 Habit slips: When consumers unintentionally resist new products. Journal of the Academy of Marketing Science ,45, 119-133.
- Lally, P., van Jaarsveld, C. H. M., Potts, H. W. W., & Wardle, J. 2010 How are habits formed: Modeling habit formation in the real world. European Journal of Social Psychology ,40, 998-1009.
- Lee, E. H., & Schnall, S. 2014 The influence of social power on weight perception. Journal of Experimental Psychology:General ,143, 1719-1725.
- Lester, D. 2015 Morningness, eveningness, current depression, and past suicidality. Psychological Reports ,116, 331-336.
- Levitsky, D. A., & Pacanowski, C. R. 2013 Effect of skipping breakfast on subsequent energy intake. Physiology & Behavior ,119, 9-16.
- Levy, B. R., Zonderman, A. B., Slade, M. D., & Ferruci, L. 2009 Age stereotypes held earlier in life predict cardiovascular events in later life. Psychological Science

,68, 58-68.

- Fehr, R., & Gelfand, M. J. 2010 When apologies work: How matching apology components to victim's self-construals facilitates forgiveness. Organizational Behavior and Human Decision Processes ,113, 37-50.
- Fletcher, B. C., Hanson, J., Page, N., & Pine, K. 2011 FIT – Do something different. A new behavioral program for sustained weight loss. Swiss Journal of Psychology ,70, 25-34.
- Fournier, M., d'Arripe-Longueville, F., Rovere, C., Easthope, C. S., Schwabe, L., Methni, J. E., & Radel, R. 2017 Effects of circadian cortisol on the development of a health habit. Health Psychology ,36, 1059-1064.
- Galla, B. M. & Duckworth, A. L. 2015 More than resisting temptation: Beneficial habits mediate the relationship between self-control and positive life outcomes. Journal of Personality and Social Psychology ,109, 508-525.
- Gould, D., Eklund, R. C., & Jackson, S. A. 1992 1988 U.S. Olympic wrestling excellence: -. Mental preparation, precompetitive cognition, and affect. The Sport Psychologist ,6, 358-382.
- Halpern, J., Cohen, M., Kennedy, G., Reece, J., Cahan, K., & Baharav, A. 2014 Yoga for improving sleep quality and quality of life for older adults. Alternative Therapies in Health and Medicine ,20, 37-46.
- Helliwell, J. F., & Wang, S. 2014 Weekends and subjective well-being. Social Indicators Research ,116, 389-407.
- Hill, D., White, V., Marks, R., & Borland, R. 1993 Changes in sun-related attitudes and behaviours, and reduced sunburn prevalence in a population at high risk of melanoma. European Journal of Cancer Prevention ,2, 447-456.
- Hmieleski, K. M., & Baron, R. A. 2009 Entrepreneurs' optimism and new venture performance: A social cognitive perspective. Academy of Management Journal ,52, 473-488.
- Hofmann, W., Deutsch, R., Lancaster, K., & Banaji, M. R. 2010 Cooling the heat of temptation: Mental self-control and automatic evaluation of tempting stimuli. European Journal of Social Psychology ,40, 17-25.
- Hyunjin, S., & Schwarz, N. 2008 If it's hard to read, it's hard to do. Processing fluency affects effort prediction and motivation. Psychological Science ,19, 986-988.
- Itzchakov, G., Uziel, L., & Wood, W. 2018 When attitudes and habits don't

"active" procrastination behavior on attitude and performance. Journal of Social Psychology ,145, 245-264.

- Cooke, L. J., Chambers, L. C., Añez, E. V., Croker, H. A., Boniface, D., Yeomans, M. R., & Wardle, J. 2011 Eating for pleasure or profit: The effect of incentives on children's enjoyment of vegetables. Psychological Science ,22, 190-196.
- Dalton, A. N. & Spiller, S. A. 2012 Too much of a good thing: The benefits of implementation intentions depend on the number of goals. Journal of Consumer Research ,39, 600-614.
- Danoff-Burg, S., & Mosher, C. E. 2006 Predictors of tanning salon use. Behavioral alternatives for enhancing appearance, relaxing and socializing. Journal of Health Psychology ,11, 511-520.
- Davis, C. & Levitan, R. D. 2005 Seasonality and seasonal affective disorder(SAD): An evolutionary viewpoint tied to energy conservation and reproductive cycles. Journal of Affective Disorders ,87, 3-10.
- Deaver, C. M., Miltenberger, R. G., & Stricker, J. M. 2001 Functional analysis and treatment of hair twirling in a young child. Journal of Applied Behavior Analysis ,34, 535-538.
- De Sutter, A. I., De Meyere, M. J., De Maeseneer, J. M., & Peersman, W. P. 2001 Antibiotic prescribing in acute infections of the nose or sinuses: A matter of personal habit? Family Practice ,18, 209-213.
- Dijksterhuis, A. & van Knippenberg, A. 2000 Behavioral indecision: Effects of self-focus on automatic behavior. Social Cognition ,18, 55-74.
- Duckworth, A. L., Peterson, C., Matthews, M. D., & Kelly, D. R. 2007 Grit:
- Perseverance and passion for long-term goals. Journal of Personality and Social Psychology ,92, 1087-1101.
- Egan, V., & McCorkindale, C. 2007 Narcissism, vanity, personality and mating
- effort. Personality and Individual Differences, 43, 2105-2115.
- Ellingson, S. A., Miltenberger, R. G., Stricker, J. M., Garlinghouse, M. A., Roberts, J., & Galensky, T. L. 2000 Analysis and treatment of finger sucking. Journal of Applied Behavior Analysis ,33, 41-52.
- Evans, D. W., Leckman, J. F., Carter, A., Reznick, J. S., Henshaw, D., King, R. A., & Pauls, D. 1997 Ritual, habit, and perfectionism: The prevalence and development of compulsive-like behavior in normal young children. Child Development

参考文献

- Achtziger, A., Gollwitzer, P. M., & Sheeran, P. 2008 Implementation intentions and shielding goal striving from unwanted thoughts and feelings. Personality and Social Psychology Bulletin ,34, 381-393.
- Allen, K. D. 1998 The use of an enhanced simplified habit-reversal procedure to reduce disruptive outbursts during athletic performance. Journal of Applied Behavior Analysis ,31, 489-492.
- Amabile,T.. & Steven, K. J. 2011 The power of small wins. Harvard Business Review ,89, 70-80.
- Bacon, D. L., Fulton, B. J., & Malott, R. W. 1982 Improving staff performance through the use of task checklists. Journal of Organizational Behavior Management ,4, 17-25.
- Bamberg, S. 2006 Is a residential relocation a good opportunity to change people's travel behavior? Results from a theory-driven intervention study. Environment and Behavior ,38, 820-840.
- Bandiera, O., Barankay, I., & Rasul, I. 2010 Social incentives in the workplace. Review of Economic Studies, 77, 417-458.
- Bashir, N. Y., Lockwood, P., Chasteen, A. L., Nadolny, D., & Noyes, I. 2013 The ironic impact of activists: Negative stereotypes reduce social change influence. European Journal of Social Psychology ,43, 614-626.
- Beaman, A. L., Klentz, B., Diener, E., & Svanum, S. 1979 Self-awareness and transgression in children: Two field studies. Journal of Personality and Social Psychology ,37, 1835-1846.
- Bobbio, A. 2009 Relation of physical activity and self-esteem. Perceptual and Motor Skills ,108, 549-557.
- Chang, A.M., Aeschbach, D., Duffy, J. F., & Czeisler, C. A. 2015 Evening use of light-emitting eReaders negatively affects sleep, circadian timing, and next-morning alertness. Proceeding of the National Academy of Sciences ,112, 1232-1237.
- Charness, N., Tufflash, M., Krampe, R., Reingold, E., & Vasyukova, E. 2005 The role of deliberate practice in chess expertise. Applied Cognitive Psychology ,19, 151-165.
- Chu, A. H. C., & Choi, J. N. 2005 Rethinking procrastination: Positive effects of

内藤誼人（ないとう・よしひと）

心理学者、立正大学客員教授、有限会社アンギルド代表取締役社長。
慶應義塾大学社会学研究科博士課程修了。社会心理学の知見をベースに、ビジネスを中心とした実践的分野への応用に力を注ぐ心理学系アクティビスト。趣味は釣りとガーデニング。
著書に、『世界最先端の研究が教える新事実 心理学 BEST100』『世界最先端の研究が教える すごい心理学』『世界最先端の研究が教える もっとすごい心理学』（以上、総合法令出版）など多数。その数は200冊を超える。

科学的に「続ける」方法
「習慣化」できる人だけがうまくいく。

2023年9月20日　初版発行

著　者　内藤誼人
発行者　野村直克
発行所　総合法令出版株式会社
〒103-0001 東京都中央区日本橋小伝馬町15-18
EDGE 小伝馬町ビル9階
電話　03-5623-5121
印刷・製本　中央精版印刷株式会社

ISBN 978-4-86280-916-2
総合法令出版ホームページ　http://www.horei.com/